Arthur Brickmann

Am Grabe unserer Kinder

Arthur Brickmann

Am Grabe unserer Kinder

ISBN/EAN: 9783743409293

Hergestellt in Europa, USA, Kanada, Australien, Japan

Cover: Foto ©ninafisch / pixelio.de

Manufactured and distributed by brebook publishing software (www.brebook.com)

Arthur Brickmann

Am Grabe unserer Kinder

Am Grabe unserer Kinder.

Ein Trostwort für trauernde Eltern.

Von

Arthur O. Brickmann,

Prediger der Neuen Kirche.

Baltimore:
Gedruckt bei H. F. Th. Kroh.
1872.

Vorwort.

Die friedliche Stille des Kirchhofs, wo die Ueberreste der irdischen Leiber geliebter Kinder ruhn, hat immer etwas Anziehendes für trauernde Eltern. Es ist daher sehr natürlich, diese letzte Ruhestätte zu ehren und ihr mitunter einen Besuch abzustatten.

Ihr Eltern, die ihr den Heimgang eueres kleinen Lieblings betrauert, und mit nassem Blicke die Grabschrift auf dem Todtenhügel leset, ihr, die in des Friedhofs stillem Haine Thränen der Sehnsucht nach dem Wiedersehn euerer geliebten Kinder weint, zu euch kommt die Neue Kirche mit ihrem reichlichen Troste. Hier will ich mit euch reden von der Unsterblichkeit des Menschen, als geistiges Wesen, und von jenem großen Geisterreiche, zu welchem die Seelen empor schwebten, als ihre materiellen Hüllen starben. Dorten, in den Bereichen der Seligen, bei ihrem Vater, welcher der rechte Vater aller Menschen ist, sind alle euere Kinder. Sie sind nicht todt, sie sind auferstanden.

Gottes unendliche Vaterliebe sorgt jetzt tausendmal besser für sie, wie alle menschliche Liebe vereint für sie auf Erden sorgen könnte. Umstrahlt vom heitern Licht der Wahrheit, wachsen sie dorten auf, um in ewiger Jugend fortzublühen als Pflanzen des himmlischen Gärtners. Dieselbe Vaterhand, die sie auf Erden pflanzte, hat sie in die Paradiese der himmlischen Welt versetzt, wo sie unter den Strahlen der geistigen Sonne sich erlaben an der befruchtenden Wärme göttlicher Liebe und dem erleuchtenden Glanze der beglückendsten Weisheit. Der uns alle so innig liebende himmlische Vater, dessen Güte, Wahrhaftigkeit und Treue ewiglich währt, ist jetzt ihr Leben, ihre Seligkeit und ihr Alles.

Hier, am Grabe euerer Kinder, gedenke ich mit euch zu reden von dem Interessantesten des Lebens: Dem Leben nach dem Tode, und besonders von unseren Kindern im Himmel. Euere Betrübniß soll in Freude verwandelt werden.

Ihr sollt die Wahrheit kennen lernen, und die Wahrheit wird euch frei machen von Schmerz und Trauer. Alle Lehren, welche euch die Neue Kirche entgegen bringt, sind vernünftig, überzeugend und ein Labsal für das matte Herz. Sie sind leuchtende Sterne in der dunklen Nacht der Zweifel, mit lieblicher Klarheit hereinscheinend in diese oft so trostlose Zeitlichkeit, um überall, wo ein Auge des Geistes sich zur Aufnahme ihrer Strahlen öffnet, dem Verstande geistiges Licht und dem Herzen geistige Wärme zuzuführen. Sie sind lebendige Tröster, Balsam auf die Wunden träufelnd und die Thräne der Wehmuth vom Antlitz trocknend. Sie gewähren der Sehnsucht nach oben völliges Genüge, und verwandeln die Züge des Weinenden in den Ausdruck des seligsten Friedens. Und woher haben sie diese Kraft? Nicht blos daher, daß sie vernünftig, sondern weil sie von Gott aus dem Himmel offenbart und auf den Felsen der Ewigkeit gegründet sind. Ihre Quelle und ihr Licht ist Gottes Wort. Sie sind nicht Erfindungen eines oder mehrerer Menschen, nicht eitle Gebilde der Phantasie, die wie Luftschlösser nur für kurze Zeit im Gemüthe schwimmen; noch sind sie vage philosophische Speculationen oder unpraktische Gedankendinge, sondern nüchterne Wahrheiten, die das Objektive und Reale in einer Weise behandeln, wie sie die gläubige Vernunft verlangt. Labsal der müden Seele bietend, sind sie als ein Ganzes, systematisch verbunden, ein Krystallstrom in der Wüste des kirchlichen Glaubenslebens. Ihrer Tiefe wegen erfordern sie oft vieles Nachdenken, aber dabei sind sie lauter und ohne sinnloses Geräusch. Sie bedürfen nicht des eitlen Prunkes hohler Phrasen. Ihre Kraft, Harmonie und Schönheit spiegeln sich in ihrer Einfachheit und Klarheit ab. Demüthig und bescheiden, und eingekleidet in die lieblichsten Formen der reinsten Gottes- und Nächstenliebe, sind sie bald Bäume und Blüthen des Lebens, bald Ströme, deren Fluthen dahin brausen mit stets neuer Nahrung aus der Quelle des Seins.

„Tief und doch klar, sanft rauschend, doch nicht hohl,
Gewaltig, doch nicht wild, ohn' Ueberschwemmung voll."

Hier am Grabe laßt uns denn weilen und lauschen auf die trostreichen Wahrheiten, welche der Herr allen betrübten Herzen vorlegt, denen es aufrichtig um den ächten und bleibenden Trost der Wahrheit zu thun ist. Hier laßt mich euch schon im Voraus zurufen: Was suchet ihr die Lebendigen bei den Todten? Sie sind nicht hier; sie sind auferstanden.　　　　A. D. B.

Die Liebe zu unseren Kindern.

Das zärtliche Verhältniß, in welchem Eltern zu ihren Kindern stehn, hat seinen Grund in der innigen Liebe, die Gott allen Eltern aus seiner Liebe zu den Menschen einpflanzte. Vater- und Mutter-Gefühle sind endlich, und als solche Bilder von Gottes unendlicher Vaterliebe. Sie sind ein verendlichter Tropfen aus dem unendlichen und unerschöpflichen Meere seiner Liebe. Wenn wir mit einer so großen und unaussprechlichen Herzlichkeit an unseren Kindern hangen, wie unendlich viel mehr muß der himmlische Vater alle und jedes einzelne seiner Menschenkinder lieben! Er war, er ist und er bleibt ewig die Liebe. Seine Liebe war es, die uns ins Dasein rief, und seine Liebe ist es, die uns im Tode entgegen kommt mit dem Zuruf väterlicher Huld: „Kommet wieder Menschenkinder." Wäre uns nicht aus Gottes Herzen Liebe zu unseren Abkommen eingepflanzt worden, die uns antreibt für sie zu wachen und zu sorgen, und wäre unseren Kindern nicht natürliches Vertrauen und herzliche Liebe zu den Eltern gegeben, so würde es für den Menschen unmöglich sein, sich mit Vertrauen zu Gott zu erheben und seine Liebe zu erwiedern. Eltern- und Kindesliebe sind das Ackerfeld für Gottes Liebe. Diese Lieben mögen nicht in allen Menschen mit gleicher Kraft thätig sein, weil nicht alle Kinder, nicht alle liebevolle Eltern haben, dennoch sind sie vorhanden in jeder Menschenbrust und wirken verborgen in ihrem Innern.

Wie sich das Kind nach den Eltern sehnt und in ihrer Liebe allein die gesuchte Befriedigung findet, so sehnt sich unser Herz nach Gott, und dasselbe ist nicht eher zufrieden,

bis es Ihn gefunden und glückselig an seinem Herzen
ruht. Alle wahre Religion ist daher ihrem Wesen nach
Liebe zu Gott und geschwisterliche oder Nächstenliebe, und
alle Liebe ist gegenseitig. Die Liebe will einen Gegenstand
haben, den sie lieben und dessen Liebe sie wieder erfahren
und empfinden kann. Eltern= und Kindesliebe, und
Gottes Menschenliebe und der Menschen Gottesliebe sind
gegenseitig. Ohne die gegenseitige Eltern= und Kindesliebe
wäre die Welt unerträglich. Moral ohne sie würde die
Erde fliehn. Sie sind die Grundlagen alles Familienglücks
und des Glückes der gesammten menschlichen Gesellschaft.
Eine Familie wird nur so weit glücklich sein, oder sich so
weit auf die Höhe des Glückes schwingen, wie sie diese zwei
Lieben läutert und nährt. Fehlen sie, oder sind sie durch
Untugend getrübt, dann fehlt dem Familienkreise auch jene
seelenvolle Gemüthlichkeit, jenes herzliche Aneinanderhangen
und Vertrauen, welches die Heimath zur Heimath, zur
Ruhestätte des Friedens, des Trostes und der Freude
macht.

Wie gut ist es, daß Gott uns eine so innige Liebe zu
unseren Kindern einpflanzte. Ohne sie würden wir nicht
für ihr Wohl besorgt sein, nicht erdulden die schweren
Lasten und Mühen, die nöthig sind, um sie recht zu erziehen.
Entbehrungen, Nachtwachen, Opfer und Leiden, die wir
dabei durchmachen, würden wir nie willig ertragen können.

Swedenborg sagt, daß vom Herrn immerwährend eine
Sphäre himmlischer Liebe ausgeht, die sich herabsenkt auf
alle Menschen, welche die Wahrheiten seiner Kirche mit
liebreichen Herzen aufnehmen, und sich an Ihn vertrau=
ensvoll um Belehrung und Schutz in allen Dingen wenden.
Aus dieser himmmlischen Sphäre entsteht eine natürliche
Sphäre, welche voller Liebe zu Säuglingen und Kindern
ist. Diese Sphäre ist so allgemein verbreitet, daß sie nicht
blos die Menschen, sondern sogar das Thierreich, ja alle beleb=
ten und unbelebten Dinge anregt. (Siehe W. Ch. R. 308.)

Die Kindesliebe ist also, Gott sei Dank! eine allgemeine. Alle einigermaßen gute Menschen lieben Kinder. Der sanfte Blick des unschuldigen Auges und die friedevollen Gesichtszüge des Kindes, namentlich wenn es von süßen Träumen eingewiegt unter der Obhut der Engel schlummert, stimmen die Seele zur beglückenden Liebe und ziehen sie zum Kinde herab mit einer Innigkeit, die in sich selbst ein Vorschmack des Seelenzustandes der himmlischen Geister ist. Von der Sphäre der Unschuld durchflossen, fühlt man sich hingezogen nach jenen lichten Höhen, wo die Reinheit des Herzens und der Friede Gottes weilen. Es ist eine Freude anzusehn, wenn Eltern voller Innigkeit sich herabbeugen auf ihre schlafenden Kleinen, um sie, diese Lämmer der Unschuld, zu küssen und ihr Herz an ihrem engelähnlichen Anblicke zu erlaben. Das Band, welches Eltern- und Kinderherzen verbindet, ist von der himmlischen Unschuld selbst gewoben, und es zieht beide vereint aufwärts zur Quelle aller Liebe. Deshalb ist es ein göttlicher Zug im Charakter des Menschen, daß er mit Liebe an der Kindheit hängt und für das Wohl derselben besorgt ist. Unser zärtlichstes Mitgefühl gehört ihr an. Selbst die Vergnügen des kleinen hilflosen Kindes machen uns Freude. Es liegt in der Kindheit etwas, das so arglos, so vertrauensvoll und ungekünstelt ist, und es geht aus diesem Kindeszustande eine so wohlthuende Geistesströmung hervor, daß man sie die Engelsphäre der Kindheit nennen könnte. Jedes edle Gemüth wird von dieser Sphäre gefesselt und zum Kinde herabgezogen. Es wird gut sein, von dieser Kindessphäre gleich etwas mehr zu sagen.

Swedenborg berichtet, daß es natürliche und geistige Ausströmungen gibt, die er Sphären nennt. Metalle, Pflanzen und Thiere haben alle eine natürliche Sphärenströmung. Wie die Wissenschaft uns berichtet, sind diese Sphären Dunstkreise von verschiedener Farbenpracht, welche die Gegenstände umgeben. Die Ausströmungen des Magnets, welche anziehn, beleuchten diese Wahrheit. Der Duft der Blumen ist eine Sphärenströmung. Der Mensch hinterläßt etwas von seiner Sphäre wo er hingeht, und diese macht es dem treuen Hunde möglich, seinen Herrn wieder zu finden. Jeder Mensch, jede Familie, jede Gesellschaft, jede Kirche hat ihre eigenthümliche Sphäre. Die Verbindung vieler Sphären macht wieder eine Gesammtsphäre aus. In dieser Weise bilden sich Sphären von Dörfern, Städten, Ländern und Nationen. Es gibt aber nicht blos solche natürliche, sondern auch geistige Sphären, die von den Neigungen der Menschen ausgehn und uns angenehm oder unangenehm berühren. Unsere geheimen innerlichen Zu- und Abneigungen gegen Personen, Gesellschaften, Städte und Länder, haben ihren Grund in den von uns ausgehenden und den uns berührenden Sphären. Aehnliche Sphären ziehen an, unähnliche stoßen ab. Je liebreicher, weiser und sanftmüthiger eine Seele ist, um so angenehmer ist ihre Sphäre für gleichgesinnte, aber um so unangenehmer für ungleichgesinnte Menschen. Auch die Gottheit ist von einer Sphäre ihrer Liebe und Weisheit umgeben, welche, wenn sie von den himmlischen Bewohnern gesehn wird, ihn im Glanze einer Sonne erscheinen läßt. Gott, alle Engel, Geister, Menschen, Thiere und alle Gegenstände des Weltalls haben also ihre besonderen Sphären.

Jetzt wollen wir wieder zu den Kindern zurückkehren. Jedes Kindchen hat seine geistige Sphäre, die es wie ein goldner Lichtzirkel oder Heiligenschein umfließt. Wir finden, daß Maler die Heiligen, und so auch das Jesuskind, mit einem solchen Strahlenglanze oder Heiligenscheine umgeben. In der Schrift wird ein Engel angeführt, der von diesem Glanze seiner Sphäre, wie von einer Sonne umgeben, dem heiligen Seher sichtbar wurde. Er berichtet also: „Ich sahe einen Engel in der Sonne stehn." Das

Sinnbild der Kirche des Neuen Jerusalems ward von Johannes gesehen als ein Weib, die vom Glanze ihrer Sphäre umgeben also bezeichnet wird: „Und ich sahe ein Weib von der Sonne umgeben." Jeder Engel, jeder erwachsene Mensch und jedes Kindchen ist von einer strahlenden Sphäre umgeben, die wie eine Sonne aussieht. Ein kleines Kind ist umflossen von der Sphäre der lautersten Unschuld und zärlichsten Liebe, und deshalb fühlt sich jedes edle Gemüth von Kindern angezogen. Die Ursache der Sphärenströmung, und weshalb dieselbe bei allen Menschen verschieden ist, wollen wir jetzt berühren.

Im Innersten der Seele wohnt Gott bei allen Menschen. Daselbst hat er seine Hütte, sein Allerheiligstes, von wo aus er das Leben einströmt in den ganzen organischen Bau des Geistes. Der Mensch vermag durch freie Willens- und Verstandesrichtungen den Strom des Lebens fortwährend selbstständig zu verarbeiten, und je nachdem er seine Neigungs- und Denkgefäße im Guten oder Bösen formirt, verarbeitet er dieses Leben und macht es zu seinem eigenen. Er kann es also rein aufnehmen, oder verkehren und unrein machen. Je nachdem Jemand das Gute will und liebt, wird das Leben in seinen Willen und Verstand rein einfließen, und wieder selbstständig verarbeitet aus ihm hervordringen in einem reinen und angenehmen Lebenswandel, und in einer demselben entsprechenden Sphäre. Ein Mensch kann seine Lebensorgane so geistlos, sinnlich, unvernünftig, roh und lasterhaft gestalten, daß alles ihm von Gott mitgetheilte Leben deren Form annimmt, und so verdorben daraus hervorgeht, daß er auf Hand und Stirn das Zeichen des Thieres trägt. Sphären solcher Menschen sind schrecklich unangenehm für reine, zartfühlende und geistig gesinnte Seelen. Swedenborg sagt uns, daß Sphären auch einen Geruch haben, und daß die Geister in der ewigen Welt solchen in der Ferne wahrnehmen. Alle lasterhaften Sphären sind übelriechend bis zum Erbrechen, alle tugendhaften Sphären dagegen wohlriechend, angenehm und erhebend.

Das kleine Kind, in welchem die ererbten Anlagen zum Bösen noch schlafen, strömt das einfließende Leben von Gott aus seinem Inneren oder Lebenscentrum rein aus. Die Sphäre von Kindern ist daher lauter, unschuldsvoll und aromatisch, und der Glanz derselben ist ungetrübt und himmlisch. Sie leisten keinen Widerstand gegen Gottes Leben, weshalb sie umgeben sind von einer himmlischen Sphäre.

In diesen Zustand der unschuldsvollen Hingabe an Gottes Güte müssen wir alle bis zu einem gewissen Grade kommen, um im Himmel leben zu können. Wir können hieraus leicht verstehn die Tiefe der Worte unseres Herrn: „Wer ein solches Kind aufnimmt in Meinem Namen, der nimmt Mich auf." Und ferner: „Wahrlich, Ich sage euch, wer nicht das Reich Gottes aufnimmt wie ein Kindlein, der wird nicht hineinkommen."

Die Sphäre der Kinder im Himmel und die der Kinder auf Erden wirkt vereint auf die Seelen der Menschen ein. Diesem Sphäreneinflusse der Kinderwelt hat die Erde sehr viele veredelnde Wirkungen, wie auch die Unterdrückung und Besänftigung von vielem Rohen und Gemeinen zu verdanken. In der That ist der stille Einfluß der Unschuldssphäre der Kinder ein unendlich wohlthuender für alle Völker.

Swedenborg berichtet, daß ihn die Sphäre der Kinder im Himmel mit solchem Wohlgefühle berührte, daß alle Freuden der Welt wie nichts waren im Vergleich mit der Wonne, die er dadurch empfand. Die Liebe zu unseren Kindern wird theilweise von dieser Kindessphäre angeregt und genährt. Je edler und zarter ein Mensch ist, um so zugänglicher ist ihm die Sphäre der Kinder.

Wem das Gefühl des Wohlwollens und der herzlichen Zuneigung zu Kindern mangelt, der ist gleich einem Wesen, das keinen Geschmack besitzt für die seelenvollen Akkorde der Musik, und das bei den Tönen lieblicher Harmonien gefühllos und kalt bleibt. Wirklich sind wir niemals und nirgends auf Erden dem Himmel und seinen Engeln näher, als wenn wir bei Kindern verweilen. Besonders ist dem so, wenn wir selbst kindlich gesinnt sind.

Zwar ist das Gefühl für Abkommen ein der ganzen Schöpfung angeborenes, ihr eigenes und daher natürliches; aber bedenken wir gleichzeitig, daß bei dem **vernünftigen Menschen** die Kindesliebe eine mit Intelligenz gepaarte ist, die erhöht oder veredelt werden kann, und daß diese zarte **natürliche** Liebe bei allen Menschen die Grundlage für geistiges Leben, für Liebe zu Gott und zum Nächsten und für alles Erhabene, Schöne und Göttliche ist.

Der Zärtlichkeit und Tiefe der Kindesliebe wegen ist deshalb auch kein Schmerz dem Schmerze gleich, welchen Eltern empfinden, wenn der Engel des Todes ihren Kinderkreis heimsucht. Wer nie ein Kind verloren hat, versetze sich einmal gerade dann in die letzte Stunde seines scheidenden Lieblings, wenn er ihn auf seinen Armen trägt und das volle Maaß elterlicher Liebe empfindet. Wollt ihr diese schmerzlichen Gefühle noch näher kennen lernen, dann tretet an ein solches Sterbebette. Waret ihr jemals Zeugen eines solchen! O, es gibt nichts Ergreifenderes! Siehe in das von Gram entstellte Antlitz des Vaters, dem zur Seite steht das schluchzende Weib. Gestützt auf den Arm des treuen Gatten, badet sie ihr Antlitz in Thränen. So stehen sie da, den nassen Blick auf die kalte Hülle ihres Lieblings gerichtet. Ihre schönste Hoffnung scheint mit einem Male vernichtet zu sein. Da ergreift Liebe und Sehnsucht nach dem erblaßten Kinde die Herzen, und das Verlangen, es noch einmal unter den Lebendigen zu wissen, bricht hervor in dem Ausruf: „Mein Kind! Ach mein Kind! Mein liebes, liebes Kind!" Bald darauf umschließt der Sarg die geliebten Ueberreste.

Nachdem das Leichenkleid die zarten Glieder umhüllt, um das weiche Lockenhaar der Todtenkranz sich windet, das blasse, kalte Antlitz mit verklärten Zügen, wie in einen sanften Schlaf gewiegt, im Sarge schlummert, und wenn, wie sonst beim Schlafengehen, bei Gebet und mütterlichem Segen, die jetzt erstarrten Händchen über der Brust gefalten ruhen, dann, ehe der Sargesdeckel sich für immer schließt, mit welchem Wehgefühle beugen Vater und Mutter sich herab auf die geliebte Hülle, um noch einmal zu küssen die einst rosigen Lippen, den für immer erblaßten Mund! Indem ihre Thränen fließen, zuckt der Schmerz in tiefer Brust, und dieser Schmerz vermehrt sich bei dem unwillkürlich kommenden Gedanken: dieser Mund hat sich für immer geschlossen. Nie wieder werden durch denselben meines Lieblings unschuldige Gedanken im wohlbekannten Ton der Rede zum Elternherzen sprechen. „Lebe wohl, geliebtes Kind, leb' wohl!" ruft die Mutter mit gebrochenem Herzen, und durch Vaters Brust strömt ein Wehgefühl, das oft nur in Thränen Linderung findet. Wie wehe thut dieser Abschied!

Was sollen wir euch vorläufig zum Troste zurufen, euch, die ihr vielleicht am Sarge eueres Kindes steht. Höret es denn: Euer Kind ist nicht vernichtet, es lebt. „Lebt?" Ja, es lebt, obwohl ihr noch keine befriedigende Einsicht in diese Wahrheit haben möget.

Er, welcher ist das Leben selbst, ist der allein wahre Vater aller Menschen, der sie, um sie bei sich zu haben, von dieser Erde abruft durch den Tod. Die äußere Hülle allein stirbt, weil Fleisch und Blut, die dorten nicht leben können, sterben müssen. Euer Liebling zog die irdischen Kleider aus und lebt jetzt in einem viel herrlicheren Leibe, dessen Substanzen geistig und lebendig sind. Euer Kind ist auferstanden und auf Engel=Armen heimgeführt worden zu dem Wahrhaftigen und Ewigen, der, als er auf Erden wandelte, die Kindlein herzte und segnete.

Was Er damals seinen Jüngern zurief, das ruft Er euch heute zu: „Lasset die Kindlein zu mir kommen, und wehret ihnen nicht, denn solcher ist das Himmelreich."
Bei Ihm, wohl aufgehoben, ist euer geliebtes Kind, und ihr werdet es wiedersehn.

>Dort fließt der Wahrheit laut're Lehre
>Aus Engelmund in seinen Sinn,
>Und zu des großen Vaters Ehre
>Ist jeder Tag ihm ein Gewinn.
>Es wächst im ew'gen Jugendleben,
>Nimmt zu an Weisheit, Gnade, Kraft,
>Und wird, von Engeln stets umgeben,
>Ein Engel in der Liebe Macht.

Die Todesstunde.

Hat uns die Nacht in ihre Schatten eingehüllt, und wachen wir ängstlich an dem Krankenlager eines geliebten Kindes, für dessen Aufkommen wir wenig oder keine Hoffnung haben, dann verlangt unser Gemüth Trost. Die Gegenwart mitfühlender Freunde, ein trostreiches Wort von ihren Lippen, ein Vers aus dem Gesangbuch, oder nur ein Spruch aus der Bibel sind uns dann herzlich willkommen. Für diesen Gemüthszustand kann aber wohl nichts aufgefunden werden, das mehr Linderung verschafft, als die Erkenntniß der Wahrheit, daß unsere scheidenden Kinder von Engeln umgeben sind, welche sie mit großer Sorgfalt bewachen und sie, sobald sich ihr Auge dieser Welt verschließt, in ihren Armen heimführen in den Himmel. Diese Wahrheit wird zwar von einer großen Anzahl Christen geglaubt, aber wenn die Zeit kommt, da sie angewandt werden soll, hat sie bei vielen derselben keine Kraft. Der Grund davon ist der, daß ihnen die vernünftige Einsicht in die Gründe für die Unsterblichkeit der Seele und die Erkenntniß ihrer Beschaffenheit fehlt. Zweifel und Glaube sind in den meisten Fällen so gemengt, daß der Mensch selbst nicht weiß, wo er steht. Im Seelengrunde flüstert leise die Stimme der Hoffnung auch dem Zweifler zu: „Es ist mit dem Tode nicht alles aus!" Aber diese Stimme ist zu schwach, und sie wird nur zu bald überwältigt von der sinnlichen Vernunft, die sie mit dem Trugschlusse peinigt, daß mit dem Tode des äußersten Organes der Seele, d. h. mit dem materiellen Leibe, auch sie selbst sterbe. Der sinnlich gesinnte Mensch ist Materialist, weil sein geistiges Vermögen, kraft dessen er zum

Schöpfer der Natur aufwärts gezogen wird, durch sündliches Leben verschlossen ist. Selbstsucht und fleischliche Gesinnung binden ihn an das Zeitliche und Materielle, und machen ihn unwillig und blind für Gott und Unsterblichkeit. Durch die Wiedergeburt wird dieses Gebiet der Seele wieder geöffnet, die Sinne kommen unter die Controlle des geistigen Wollens und Denkens, und so oft sie durch das Angenehme der Natur berührt und beglückt werden, sieht der ganze Mensch aufwärts zum Schöpfer der Natur. Im unwiedergeborenen Zustande folgt er blind dem Zuge der Sinne, trennt den Schöpfer von der Schöpfung, verehrt die Natur und die sie belebenden Kräfte oder Ergüsse des Schöpfers, und versinkt im Moraste des Zweifels bis zum Atheismus. Die Natur ist dann sein Götze. In den rohen Zeiten schuf sich der sinnliche Mensch Götzen durch Zusammensetzung von Bildern der Natur, aber seit dem er wissentschaftlich gebildet ist, macht er die gesammte Natur zu seinem Gott und predigt: „Außer ihr gibt es keinen persönlichen Gott." Dieser Zug der Sinnlichkeit kommt daher, daß der Schöpfer sein Leben fortwährend in die Natur einströmt, daß der Mensch von demselben geistig genährt und zur Natur hingeneigt, aber nicht mehr vom geistigen Vermögen zurück und aufwärts zu Gott gezogen wird.

Aus diesem Grunde kehrten auch die Juden, trotz aller Macht der Rede und Wunder, zur Anbetung des **Vergänglichen** in der Natur zurück, und beteten sogar ein goldenes Kalb und andere rohe Sinnbilder an. Die Materialisten unserer Tage sind sinnlich-wissenschaftliche Anbeter der Schöpfung. Ein solcher versinnlichter Geist erkennt keine Seele unabhängig, für sich bestehend und verschieden vom materiellen Leibe an. Wie Natur und Gott, so sind Leib und Seele bei ihm eins und dasselbe. Welch ein Paradoxon ist der Mensch! Dieselbe Seele, die den Leib anatomisch kennen lernt, im Leibe selbstständig über den

Leib Beobachtungen anstellt, ja sich über sich selbst erhebt und sein Ich zum Objekt der Anschauung und der Beurtheilung macht, verwirft sich selbst als selbstständiges, vom materiellen Leibe verschiedenes Wesen und hält sich für identisch mit der Materie, oder für denkende Materie.

Nach den Lehren der Neuen Kirche ist die Seele der Mensch selbst, während der materielle Leib sein alleräußerstes Organ ist, mittels dessen er sich in der natürlichen oder untersten Schöpfung bewegt. Durch viele tausend geistige Fäden wird die Seele an solche feine materielle Vermittler, wie die Elektricität, Wärme und Licht gebunden. Wenn der Tod diese Vermittler durchschneidet, erhebt sich der Mensch als ein rein geistiges Wesen vom Staube, und schwebt empor zu der ihm analogen geistigen Welt. Die ferne Ahnung hievon hat jeder Mensch. Gelehrte und Ungelehrte, Gläubige und Ungläubige, Gute und Böse durchzuckt zu verschiedenen Zeiten der Blitzstrahl göttlichen Vorgefühls von einem unsichtbaren und unbegreiflichen Jenseits, in das alle Menschen auswandern. Aber gottlose Vernünfteleien, gegründet auf Sinnlichkeit und Zweifel, machen den Tod zu dem grausenvollsten Scheusale und legen ihm den Menschen zu seinen Füßen nieder, um i h n, den fluchwürdigsten Götzen, anzubeten und zu verherrlichen mit dem Nachtgesange der Verzweiflung: „Nach dem Tode hört alles auf!" Ihr, die ihr weint an den Sterbebetten geliebter Freunde, lasset euch nicht von den Thorheiten dieses Unglaubens einschrecken. Dieser Nichtsglaube ist das Phantom eines kranken Seelenzustandes, erzeugt im Fieberwahne jener eingebildeten Gebildeten, jener grassirenden Seuche des Materialismus, dessen Opfer besessen sind von den die sinnliche Natur über alles liebenden bösen Geistern, welche der Herr einstens in die Schweine trieb. Es ist nicht der Verstand, noch die Wissenschaft, sondern die Bosheit und Thorheit des Herzens, die ungläubig ist. „Die Thoren sprechen in ihren Herzen: ‚Es ist kein Gott.' Sie taugen nichts, und sind ein Greuel mit ihrem Wesen; da ist Keiner, der Gutes thue."

Es ist ein der Natur des edelgesinnten Menschen angeborenes Bedürfniß, zu glauben an seinen himmlischen Vater, als den Urheber seines Daseins, wie das Kind natürlicher Eltern gezwungen ist, um Kindesliebe zu haben und glücklich zu sein, an seinen natürlichen Vater und an die Tugend seiner Mutter zu glauben. Ob seine Sinne ihm hier gleich im Wege stehn, und ob der sinnliche **Verstand** auch schreit: „ich glaube nichts, als was ich mit den Sinnen wahrnehmen kann!" — hier hat er sich ausgeschrien. Tritt der Glaube schon peremptorisch bei der Anerkennung unseres natürlichen Vaters auf, wie viel mehr ist es natürlich und nothwendig, an unsren unsichtbaren himmlischen Vater zu glauben. Wer an seinen himmlischen Vater glauben will, dem stehn nicht blos Vernunft und Gefühl zu Diensten, sondern auch alle Wissenschaften und die Sinne selbst stehn ihm hülfbereit zur Seite und unterstützen und bestärken seinen Glauben. **Will er aber nicht an Gott glauben**, so kann er sie alle zwingen, ihm beizustehn das Gegentheil zu behaupten. Wer an seinen natürlichen Vater glauben will, muß glauben, daß er es ist; und **wer zu Gott kommen will, der muß auch zuerst glauben, daß Er da ist.**

Alles geistige Leben fängt mit dem Glauben an, d. h., alle Liebe äußert sich zuerst durch Vertrauen. Wie das Familienleben mit Vertrauen oder Glauben anfängt, und wie sich auf diesen Glauben das innigste Verhältniß der Liebe und das erhabendste Glück der Erde, das Familienglück, gründet, so ist von dem Glauben an Gott und der Liebe zu ihm das zeitliche und ewige Glück der ganzen Menschheit abhängig.

Auf den Gott der Liebe fest vertrauend, wie kannst Du, betrübtes Herz, nur für einen Augenblick zweifeln, daß

Gott eine Heimath für dich und dein jetzt sterbendes Kind im Jenseits hat, wo Er ist. Wie könnte der gute Gott dich mit dem vernünftigen Verlangen nach Unsterblichkeit begaben, dich mit der Sehnsucht nach einem Wiedersehn in einem Jenseits erfüllen, und dich dennoch täuschen?! Gibt es nach dem Tode nichts, dann täuscht er dich. Zwar käme der Mensch niemals zu dem Bewußtsein, daß er getäuscht wäre; aber welch ein schreckliches Wesen müßte dann der Urheber unseres Daseins sein! Ob er Gott, Natur, oder Nichts hieße, wir könnten ihn nur mit Grauen betrachten. Nein! ewig Nein! So kann unser himmlischer Vater nicht handeln. Er, der es dem Menschen einprägte, ein Fortleben nach dem Tode sehnsüchtigst zu verlangen, und ihn mit der Anlage zu einer unendlichen Fortbildung oder Vervollkommnung schuf, kann ihn nicht hintergehen wollen. Er ist die Liebe, und mit großer Weisheit schrieb er es der Seele ein, daß es ein Wiedersehn nach dem Tode gibt. Im Herzen, wie in seinem Worte, rufet er uns zu: „Kommet wieder Menschenkinder." Kann Gott sein der Seele eingeschriebenes Wort von Unsterblichkeit und Wiedersehn brechen? Kann die innere Stimme uns täuschen? Nein! „Gott ist wahrhaftig, und was er zusagt, das hält er gewiß."

Wenn irgendwo, so ist es auf und an dem Sterbebette, wo wir ein lebendiges und unbewegliches Vertrauen auf Gott, und eine felsenfeste Ueberzeugung von der Unsterblichkeit der Seele nothwendig haben. Kein Religionssystem der Welt kann dieses Vertrauen mehr stärken, wie die Lehre der Neuen Kirche. Jedes Glied derselben hat das erfahren, oder wird es noch erfahren, namentlich in seiner letzten schweren Prüfung und an den Sterbebetten geliebter Seelen, die uns verlassen, um auszuwandern in jene reale ewige Welt.

Es ist herzzerreißend den hoffnungslosen Zustand und Schmerz vieler Eltern zu sehn, wenn ihnen ein Kind stirbt. Sind sie nicht geradezu ungläubig, so haben sie doch keine vernünftige und trostreiche Ueberzeugung von dem Fortleben der Seele. Der Krebs des Zweifels und der Schmerz der Trennung nagen an ihren Herzen zu gleicher Zeit. Wie ganz anders ist es bei Christen, die das himmlische Licht der lauteren Gotteswahrheiten der Neuen Kirche besitzen. Auch für sie ist es schmerzlich von ihren Lieblingen getrennt zu werden, aber der Trost der Wahrheit bleibt ihnen nie lange aus. Wie der goldene Lichtstrahl, der aus der Wolke hervorbricht und über die weite Ebene läuft, alles beleuchtend und erfreuend, was für kurze Zeit vom Dunkel umnachtet war, so kommt ihnen entgegen das Licht tröstender Wahrheit ihrer Kirche. Nach vollbrachtem Kampfe erscheint der Engel Gottes mit der trostreichen Botschaft: Jetzt ist das liebe Kind daheim. Seine Schutzengel, die darauf warteten, trugen es in den Himmel. Von jetzt an sind wir eine Familie in zwei Welten.

Laß mich dich führen an das Sterbebette eines Kindes, dessen Eltern umstrahlt sind von dem Lichte der Neuen Kirche. Für sie ist der Tod die Pforte zum ewigen Leben, das Portal, durch welches uns der himmlische Vater heimruft. Sie wissen, daß jeder Mensch einen geistigen Leib hat, in dem er gleich nach dem Tode auferstehet und eingeht in die ewige Welt, und daß jene geistige Welt eine viel wirklichere, bessere und schönere ist, als diese irdische, plumpe und schwerfällige Erde. Komm, mein Freund, und tritt jetzt mit mir in das Krankenzimmer einer an die Lehren der Neuen Kirche gläubigen Familie.

Die Stunde der Mitternacht schleicht langsam dahin, und der kleine Liebling, einst so blühend und so schön, liegt da welk, todtenblaß und röchelnd im letzten schweren Kampfe. Ach, der Tod ist ihm so schwer. Noch ist einige Hoffnung vorhanden, aber die Besorgniß ist groß.

Am Bette stehn in stummer Beobachtung die Eltern. Die zärtliche Mutter weint, und des Mannes treue Brust durchkreuzt der männliche und oft sehr tiefe Schmerz. Langsam schleicht die Nacht dahin. Endlich ergraut im Dämmerlichte der Morgen. Der Mond mit erstorbenem Schein steht hoch am blauen Himmel. Die letzten Sterne erblassen, doch die Stunde der Erlösung will noch immer nicht schlagen. Es lebt noch, aber es röchelt leiser. Das Frühlicht erscheint. Jetzt erglänzt der Sonne purpurner Strahl auf den Spitzen der Berge. In feuriger Pracht die Erde begrüßend, brechen sich ihre ersten Strahlen in den Thränen der Trauernden. Gebeugt über dem kleinen Kämpfer steht das Elternpaar. Siehe, da öffnen sich noch einmal die bereits matten Augen. "Mamma, lieb Mamma!" ruft es, die Aermchen erhebend und mit gebrochenem Blick in kindlicher Liebe aufsehend zur Mutter. — Es sinkt zurück. — Aus dem matten und halbgebrochenen Auge ruft das letzte Lebenszeichen: Lebt wohl, lebt ewig wohl! Es stirbt. Das brechende Auge schließt sich. Noch einen Athemzug und — es ist todt. Das junge Herz hat aufgehört zu schlagen. Vaters kleiner Liebling ist nicht mehr. Engel führten ihn heim mit den ersten Strahlen der aufgehenden Sonne. Vater und Mutter sinken einander in die Arme.

Umher waltet eine feierliche Stille, nur hin und wieder hört man das Schluchzen der Mutter. Nach kurzer Pause schauen sie sich an, und der Vater spricht: "Mein liebes Weib, sei getrost, unser Kind ist jetzt droben. Nach den Wahrheiten, offenbart der Neuen Kirche, sind wir ja gewiß, daß es die Engel heim in den Himmel trugen."

Das Begräbniß.

Zwischen dem Tode und der Beerdigung liegen Stunden schmerzlicher Trauer. Müde und abgemattet vom nächtlichen Wachen, abgehärmt und aufgezehrt vom Gram, sucht man den Schlaf. Erschöpft sinkt der Trauernde in den Schlummer, aber nicht für lange, denn die Seele ist im Innern zu bewegt, um diese große Wohlthat völlig zu genießen. Man träumt über vergangene Scenen am Krankenlager, trägt das Kind auf den Armen umher, hört es klagen und—plötzlich ist man wach. Der Schlaf ist gebrochen, wir fangen an zu denken, rufen uns die Vergangenheit vor die Augen, sehen unser Kind in vergangenen Tagen spielen, lächeln, scherzen, erinnern uns, wie sehr wir es liebten und herzten, und dann fällt uns ein, daß es da liegt als kalte Leiche. Wir weinen und seufzen uns matt, bis wir endlich doch einschlafen.

Liebreiche Freunde haben den Leib unseres abgeschiedenen Lieblings angekleidet und mit Blumen geschmückt. Da ruht er nun, einem schlafenden Engel gleich, auf weißen Kissen. Wir treten an die Leiche und betrachten sie, aber tiefe Wehmuth ergreift das Herz. Das Antlitz ist natürlich, und ein sanftes Lächeln spielt in den Zügen der schlafenden Unschuld. „Du liebes, liebes Kind!" ruft die Mutter, und beugt sich herab—es zu küssen. Das Herz hängt an den stummen Ueberresten, als sei hier alles, was noch von dem kleinen Lieblinge vorhanden sei. Man wähnt für einen Augenblick das Kind selbst vor sich zu haben, und spricht zu ihm, als ob es uns hören und unsere Gefühle theilen könnte. Aber das Kindlein selbst ist längst nicht mehr hier. Im Geiste ist es uns allerdings nahe, aber der Erde ist es weit entrückt. Engel sind jetzt seine Gespielen,

und es weiß nichts von dem Schmerze derer, die an seiner
Leiche weinen. Sein Geist ist beschäftigt mit den Schön=
heiten der ewigen Welt, und Schmerz und Trauer sind
verwandelt in seliges und friedliches Lächeln. Die an
seinem Siechbette wachenden Engel, allezeit sehend das
Antlitz väterlicher Huld, beschäftigen es jetzt mit Dingen, die
seinem Geiste interessanter und angenehmer sind, als das ir=
dische Spielzeug, welches es erfreute ehe es die Hülle ablegte.
Alle Verlangen der jungen Seele sind jetzt auf Gegenstände
gerichtet, die himmlisch und ihrer Unschuld entsprechend
sind, denn wenn eines Kindes natürliches Auge sich im
Tode geschlossen hat, so öffnet sich bald darauf sein geistiges
Auge, und es sieht die Engel vor sich stehn. Dieselben
treten dann gleich in geistigen Verkehr mit dem neuange=
kommenen Kleinen, so daß die Kinder sofort angenehm be=
schäftigt werden, und nichts kennen lernen von dem
Schmerze der Trennung, wie ihn die Eltern empfinden.
Die Engel nehmen nun der Eltern Stelle ein, denn der
Herr zieht die Liebe des Kindes zu den Eltern auf sich und
überträgt sie auf die Engel, die es in liebevollen Armen
heimtrugen in den Himmel. Dann bewährt sich das Wort
der ewigen Liebe: „**Ihrer ist das Himmelreich.**"
Alle Kinder, ob von frommen christlichen, oder von heidni=
schen und bösen Eltern geboren, werden nach dem Abschei=
den sogleich in den Himmel erhoben. Swedenborg sagt
darüber: „Der Himmel des Herrn ist unermeßlich groß,
was schon daraus klar sein muß, daß alle Kinder, ob sie
innerhalb oder außerhalb der Kirche geboren sind, vom
Herrn als seine Kinder aufgenommen und Engel werden.
Ihre Anzahl umfaßt den vierten oder fünften Theil des
Menschengeschlechtes. Hieraus kann man schließen, welche
große Menge von Engeln des Himmels aus diesen Kindern
allein seit der Schöpfung hervorging."

Merket es denn zu euerem Troste, ja zu euerer Freude,
ihr, die ihr an der stillen Leiche euerer Kindlein traurig

weilt: Dorten warten Engel auf jedes Kind, das diese Welt verläßt, und sie nehmen es auf mit der zärtlichsten Liebe. Wenn Kinder aus dem kurzen Todesschlafe erwachen, und mit ihren geistigen Aeuglein das milde Licht der himmlischen Heimath zum ersten Male erblicken, dann steht ihr hier und weinet. Dorthin blickt, denn dorten geht alsdann eine andere Scene vor sich. Euer Kind ruhet nun am Busen einer Engelmutter und weiß nichts vom Schmerz. Herrliches Trostwort unseres Heilandes: „Ihrer ist das Himmelreich!"

„Engelmütter ziehn es auf,
Und sein ew'ger Lebenslauf
Ist im Himmel bei der Schaar,
Die auch hier schon bei ihm war."

Endlich kommt die Stunde der Beerdigung. Die Freunde, Nachbarn und Anverwandten versammeln sich. Man betrachtet die Leiche, manches Auge wird naß und manche mitfühlende Seele eilt zur Mutter, und dann zum Vater, um unter stummem Händedruck mit weinenden Augen ihr Mitgefühl zu bezeugen. Thränen erregen Thränen. Da erinnert sich die eine oder die andere Seele an bereits durchgemachte ähnliche Erfahrungen, und ihre Thränen fließen zum Andenken an geliebte und unlängst verstorbene Verwandte. Dadurch werden die bereits etwas bewältigten Schmerzgefühle der Eltern von neuem erweckt, und das bewegte Herz muß ausrufen: „Ich bin elend, und mir ist wehe. Gott, Deine Hülfe schütze mich!" Die Antwort des Trostes von oben lautet für diesen Zustand: „Gelobet sei der Herr täglich. Gott legt uns eine Last auf, aber er hilft uns auch. Wir haben einen Gott, der da hilft; und den Herrn Herrn, der vom Tode errettet. Der Herr hat's gegeben, der Herr hat's genommen, der Name des Herrn sei gelobet."

Nun kommt der Prediger. Worte der Liebe und des

Glaubens, entnommen und abgeleitet aus dem hochheiligen Bibelbuche, hinweisend auf die ewige Welt, die Unsterblichkeit der Seele und auf Ihn, welcher ist der Weg, die Wahrheit und das Leben, träufeln lindernden Balsam ins wunde Herz. Die Rede, das Gebet und der Segen sind zu Ende. Noch einen letzten Blick auf die geliebte Hülle, einen Kuß auf die blassen Lippen, und unter dem Schrei innerer Schmerzgefühle schließt sich des Sarges Deckel. Man trägt den Sarg hinaus, die Wagen setzen sich in Bewegung, und feierlich langsam zieht der Leichenzug zum Gottesacker hin. Auf diesem letzten Gange durchkreuzen viele schmerzliche Gefühle die Brust.

Man ist jetzt angelangt, die Freunde versammeln sich um das Grab, die Leiche wird hinabgesenkt, der Prediger citirt nochmals einige „Worte des Lebens," hält vielleicht eine kurze mit einem Gebet endende Rede, und dann heißt es: „Wir übergeben jetzt den Leib der Erde: Erde zu Erde, Asche zu Asche, Staub zu Staub. Die Seele aber, von der irdischen Hülle erlöst, lebt jetzt ewig in einem geistigen Leibe in der geistigen Welt."

Dann kommt der Segen: „Die Gnade unseres Herrn Jesu Christi sei mit euch Allen. Amen."

Jetzt ist es innerlich ruhiger geworden. Es kommt langsam das Gefühl: Unser Kind ist im Himmel, hier ruht nur seine Hülle. Das natürliche Wehgefühl bricht aber doch noch einmal für kurze Zeit hervor, wenn die Erde auf den Sarg geschaufelt wird. Endlich ist der Hügel fertig und man wendet sich mit dumpfem Schmerze der Heimath zu.

Bei Krankheit und Tod gibt es nur einen wahren Trost: den, welchen uns die offenbarte Gotteswahrheit anbietet. Sie ist das Einzige, das bei solchen Gelegenheiten unsere Schmerzen lindert, unsere Leiden versüßt und uns ächt und bleibend zufrieden stellt. Und diese offenbarte Gotteswahrheit ist die: Nachdem dieses irdische Haus vom

Tode abgebrochen wird, haben wir ein nicht mit Händen gemachtes geistiges Gebäude, worin wir im Himmel ewig fortleben können. Man hat einen natürlichen und man hat auch einen geistigen Leib. Diese Kunde ist Himmelsthau für's wunde Herz, und sie schafft der bewegten Seele den Genuß der Worte des glorreich auferstandenen Herrn: „Friede sei mit Euch!" Zwar lehrt uns diese Gotteswahrheit das Leben anschaun mit heiligem Ernste, aber gleichzeitig fühlt man sich auch zur höchsten Freude gestimmt und glücklich. Sie begegnet uns am Sterbebette und am Grabe mit dem lebendigen Zuruf: Dein Gott lebt, und du sollst auch leben! Sie berührt den Sarg mit Lebenskräften der Auferstehung, und spricht zum scheidenden Geiste: Du stirbst nicht! Dahinein legt man nur dein abgetragenes Kleid. An Leiche, Grab und Kirchhof vorübergehend, ruft sie sanft dem Geiste zu: Erwacht! „Sie leben Ihm Alle!" Und aus jener Welt des Lichtes tönt der Gottesruf: „Ich bin die Auferstehung und das Leben. Wer an mich glaubt, der wird leben, ob er gleich stürbe. Und wer da lebet und glaubet an mich, der wird nimmermehr sterben. G l a u b s t d u d a s?"

Daheim vom Kirchhof.

Nachdem die Beerdigung vorüber ist, drängt sich nicht selten bei gläubigen Eltern der Gedanke ein: Wo mag mein Kind jetzt sein, und wie geht es ihm? In stillen Stunden, besonders in den ersten Wochen nach der Beerdigung, vergeht selten ein Tag, an dem man nicht sehr oft an das abgeschiedene Kind denkt. Der Mutter namentlich steht ihr Liebling stets vor Augen. Wie gerne und mit welcher innigen Liebe erinnert man sich der Stunden, als es im Arme der Mutter lag, sanft eingewiegt von ihren Liedern. Es ist kein Wunder, daß wir unsere Kinder so lieb haben. Auch unser Heiland liebte sie mit großer Innigkeit. „Er herzte die Kindlein, und legte die Hände auf sie, und segnete sie."

Heimgekehrt vom Kirchhof, ist es sehr natürlich, daß in den ersten Wochen selten ein Tag vergeht, an dem man sich nicht das hingeschiedene Kind vor Augen denkt. Jeder Ort im Hause hat eine Stelle, die an die Tage seines Hierseins erinnert. Man besieht die Kleider, das Spielzeug und—weint. Hier stand die Wiege, da ist die Stätte, wo es spielte und jauchzte, und dorten war es, wo es zu gewisser Zeit die Aermchen Vater und Mutter entgegenstreckte. Wenn es bereits sprechen konnte, erinnert man sich der drolligen Ausdrücke und Gesangproben. Die Gestalt und der Ausdruck des Gesichtes, des Hauptes Haar, der Lockenschmuck, der Bau des Körpers tauchen von Zeit zu Zeit immer wieder im Gedächtnisse auf. Wir sehn die Dinge vor uns, und für Augenblicke vergessen wir, daß unser Kind die Erde verlassen hat. Bei diesen Erinnerungen schleicht dann leise die Sehnsucht herbei, und die sorgende Liebe fragt unwillkührlich: Wenn mein Kind dort wirklich lebt, mag es sich dann nicht nach mir sehnen? Wie mag es ihm zu Muthe sein? Ist es glücklich ohne mich? Was ist sein jetziger Zustand? Was ist seine Bestimmung? Bleibt es immer ein kleines Kind, oder wird es dorten fortschreiten und sich weiter entwickeln? Und dann kommt das Verlangen: O, daß ich den Schleier lüften und sehen könnte, wo mein Liebling ist und wie es ihm geht! Ein Blick nur in jene Welt, nur eine Gewißheit zur Befriedigung! Das Wort Gottes läßt uns zwar den Schluß ziehn, daß die von Gott so inniglich geliebten Kinder allesammt selig werden, „denn ihrer ist das Himmelreich;" aber warum hat uns die ewige Liebe nicht mehr offenbart? Warum erlaubt sie nicht einem guten und zuversichtlichen Menschen, der, frei von Hochmuth und Fanatismus, wissenschaftlich gebildet und ordentlich vorbereitet ist, um in jene Welt zu blicken und uns zuversichtlich darüber zu belehren? Propheten und Apostel hatten ihre Geistesaugen geöffnet und beschreiben uns Scenen jener Welt, warum kann nicht ein auf der höheren Bildungsstufe stehender und dem Zeitalter angemessener guter Mensch jetzt diese Mission ausführen, und uns eine den größeren Ansprüchen des Gefühls und des gebildeten Verstandes entsprechende Offenbarung über jene Welt geben? Wenn Paulus bis zum dritten Himmel während seines Wandelns im Fleische entzückt wurde, warum kann nicht ein Mann der Jetztzeit unter Gottes Beistand und Leitung dieselbe Erlaubniß erhalten, und uns Licht geben über diese vielen fraglichen Punkte? So denkst Du, und so fragte schon manches betrübte Herz am Grabe der Hingeschiedenen. Wohl, wenn des Menschen Sohn nicht Glauben fand auf Erden, wenn, wie Abraham sagte, die Menschen nicht glauben würden, selbst wenn einer von den Todten auferstände, meinest Du, daß man einem solchen Menschen Vertrauen schenken würde? Würdest Du ihm glauben? Du sagst: Ja! Nun, wir wollen sehn. Der Herr hat für die leidende Menschheit gesorgt. Er hat einen solchen Mann erweckt, vorbereitet und zu dieser Mission bestimmt in seinem Diener

Immanuel Swedenborg.

Durch himmlische Offenbarungen über das Jenseits hat er die Riegel des Todes und der Geisterwelt gesprengt. Der Schleier ist hinweggerollt, und weinende Mütter können es jetzt erfahren, wie ihre Kleinen dorten aufgehoben und von der versorgenden Liebe Gottes zu Engeln erzogen werden. Ihre Kleinen, auf den Armen der Engel, lächeln ihnen entgegen, und ins wunde Herz ertönt, wie aus höheren Sphären, der Trostgesang:

> Jetzt ist es dort, das liebe Kind,
> Wo Gottes heil'ge Engel sind;
> Sie trugen es in Seinen Schooß,
> Nachdem es hier die Augen schloß.
>
> O, wünsch' aus jenem ew'gen Glück
> Es keinen Augenblick zurück;
> Wie wehe auch das Scheiden thut;
> Es ist dir gut, es ist dir gut.

Laß mir Dir jetzt einen Auszug aus Swedenborgs „Himmlischen Geheimnissen" Nro. 5078 vorführen:

„Der Mensch steht sogleich nach dem Tode wieder auf, und dann erscheint er sich in einem Leibe ganz wie in der Welt, mit einem solchen Angesicht, mit solchen Gliedmaßen, Armen, Händen, Füßen, Brust, Bauch, Lenden; ja sogar wenn er sich sieht und sich anrührt, sagt er, daß er Mensch sei wie in der Welt; aber dennoch ist es nicht sein Aeußeres, das er in der Welt an sich getragen hat, welches er sieht und anrührt, sondern es ist das Inwendige, das eben jenes Menschliche bildet, welches lebt und welches das Aeußere um sich herum oder außerhalb der einzelnen Theile von ihm hatte, mittelst dessen er in der Welt sein und dort angemessen handeln und Geschäfte verrichten konnte; das irdisch Leibliche selbst ist ihm nichts mehr nütze, er ist in einer andern Welt, wo andere Geschäfte und andere Kräfte und Mächte walten, denen sein Leib, wie er Ihn dort hat, angepaßt ist; diesen sieht er mit seinen Augen, nicht mit denjenigen, welche er in der Welt hatte, sondern mit denen, welche er dort hat, welche seinem inwendigen Menschen angehören, und aus welchen er durch die leiblichen Augen früher weltliche und irdische Dinge gesehen hatte; diesen fühlt er auch mit dem Tastsinn, aber nicht mit den Händen oder dem Tastsinn, dessen er sich in der Welt erfreute, sondern mit den Händen und dem Tastsinn, dessen er dort sich erfreut, und welcher es ist, aus welchem sein Tastsinn in der Welt vorhanden war; auch ist jeder Sinn dort schärfer und vollkommener, weil er dem vom Aeußern gelösten Inwendigen Menschen angehört; denn das Inwendige ist in einem vollkommeneren Zustand, weil es dem Aeußeren die Empfindung verleiht; aber wenn es auf das Aeußere wirkt, wie in der Welt, dann wird die Empfindung abgestumpft und verdunkelt; überdieß ist es das Inwendige, welches das Inwendige, und das Aeußere, welches das Aeußere empfindet; daher kommt es, daß die Menschen nach dem Tod einander sehn und in Gesellschaft bei einander sind ihrem Inwendigeren gemäß; damit ich über diesen Punkt recht gewiß würde, durfte ich auch die Geister selbst anrühren und mit ihnen sehr oft über diese Sache reden; man sehe No. 322. 1630. 4622. Die Menschen nach dem Tode, welche alsdann Geister genannt werden, und Engel, wenn sie im Guten gelebt hatten, wundern sich sehr, daß der Mensch der Kirche glaubt, er werde das ewige Leben nicht früher sehn, als am jüngsten Tag, wenn die Welt untergehe, und er werde alsdann den weggeworfenen Staub wieder anziehn, da doch der Mensch der Kirche weiß, daß er nach dem Tode wieder aufersteht; denn wer sagt nicht, wenn ein Mensch stirbt, nachher, daß seine Seele oder Geist entweder im Himmel oder in der Hölle sei, und wer sagt nicht von seinen kleinen Kindern, die gestorben sind, daß sie im Himmel seien, und wer tröstet nicht einen Kranken oder auch zum Tode Verurtheilten damit, daß er bald in's andere Leben kommen werde? Und wer im Todeskampf ist und sich bereitet hat, glaubt auch nicht anders; ja in Folge dieses Glaubens maßen sich sogar Viele die Gewalt an, die Menschen aus den Orten der Verdammniß herauszuholen und in den Himmel zu verpflanzen und Meßopfer für sie darzubringen. Wer weiß nicht, was der Herr zu dem Schächer gesagt hat: „Heute wirst du mit Mir im Paradies sein," Luc. 23, 43., und was der Herr vom reichen Mann und Lazarus gesagt hat, daß jener in die Hölle versetzt worden sei, dieser aber von den Engeln in den Himmel, Luc. 16, 22, 23., und wer weiß nicht, was der Herr von der Auferstehung gelehrt hat, daß Gott nicht ein Gott der Todten, sondern der Lebendigen sei, Luc. 20, 38.? Dies weiß der Mensch und denkt auch so und redet so, wenn er aus dem Geiste denkt und redet; wenn aber aus der Lehre, dann spricht er ganz anders, daß er nämlich nicht früher auferstehen werde, als am jüngsten Tag, während doch der jüngste Tag für einen Jeden ist, wenn er stirbt, und alsdann auch für ihn das Gericht stattfindet, wie es auch Mehrere sagen."

Siehe dieses Zeugniß an und denke darüber nach, und der Trost der Wahrheit kann dir nicht lange ausbleiben, daß dein Kind lebt und auferstanden ist.

Die Nacht der Zweifel.

Der herbeste Schmerz ist vorüber, nur bisweilen kommen die Nachwehen. Das Gemüth ist indessen doch ruhiger geworden und du kannst jetzt schon nüchtern nachdenken. Nun willst du wissen, wie es sich eigentlich mit dem Fortleben nach dem Tode verhält. Du glaubst an ein ewiges Leben mit dem Herzen, aber im Kopfe finden sich doch noch Zweifel, und du fragst: Wie und wo giebt es nach dem Tode ein selbstbewußtes Fortbestehn? Wie kann ich eine vernünftige und befriedigende Antwort erhalten auf die Fragen: Wo ist die ewige Welt, und aus was für Stoffen ist sie zusammengesetzt? Gibt es Stoffe oder Substanzen, die nicht materiel und doch so wirklich sind, wie die sichtbare äußere Natur? Ueber den Wolken ist der unbegrenzte Raum, und diese Erde wiegt und schwingt sich in demselben, wie andere Sterne auch. Flöge also die Seele in einen jener Sterne, so müßte sie dorten so unsichtbar sein, wie hier, außer sie würde mit einem anderen materiellen Körper umkleidet, und dann wäre sie blos von dieser materiellen Welt zu einer anderen übergegangen. Dem kann also nicht so sein.

Und dem ist auch nicht so. Aber, fragst du weiter, wo ist denn die ewige Welt? In der Luft? Und wenn auch nicht da, wo denn? — Hat mit dem letzten Athemzuge, mit dem Erlöschen des brechenden Auges das Wesen, das noch vor kurzem durch den Körper mit uns in Gedankenverkehr stand, nicht aufgehört zu sein, wo ist es denn geblieben? Was ist ein Geist? Was ist es, das in der Leiche **dachte und wollte** und die Seele heißt? Wenn mit dem Zusammenbrechen des materiellen Organes die Seele nicht vernichtet wird, sondern davon unabhängig, selbstständig und frei fortbesteht, wer gibt mir denn darüber einen solchen vernünftigen Aufschluß, der alle meine Zweifel vertreibt und mich auf den Felsengrund unumstößlicher Wahrheit und Ueberzeugung stellt? Ich verlange nicht das Unmögliche, ich will nicht Geistiges mit materiellen Augen sehn, oder überhaupt mit materiellen Sinnen wahrnehmen. Ich weiß, daß solches der Natur der Sache nach unmöglich ist. Ich will überhaupt nicht einen Beweis, der sich auf die trüglichen Sinne stützt. Ich verlange nach vernünftigen, auf geistiges Leben, geistige Erfahrung und Logik gegründeten und berechneten Beweisen. Auch wünsche ich als Christ den Beweis so geführt zu haben, daß er mit der uns zu Theil gewordenen Offenbarung der Bibel Hand in Hand geht, und sie nicht blos unterstützt, sondern wo möglichst auch absolut nothwendig macht.

Du willst also gläubig sein, aber die Zweifel jagen gleich Furien hinter dir her, und deine schmachtende Seele ruft aus: „Herr ich glaube, hilf meinem Unglauben!" Hilf mir nur durch recht lautere, einleuchtende, kräftige Vernunftgründe.

Du weißt es, daß die Wahrheit allein zufrieden stellen und beglücken kann, der Nichtsglaube aber, welcher im Fieberwahne aufschreit: „Mit dem Tode hört alles auf!" eben darum nicht wahr sein kann, weil er keinen vernünftigen Menschen befriedigt. Du sagst dir: ich müßte Selbstmord begehn an den Anforderungen und Verlangen meines Herzens, ehe ich stoisch, kalt und abgehärtet diesem Unglauben huldigen könnte. Allein schon der Gedanke daran, daß ich diesem herzlosen Unglauben, diesem Götzen eines boshaften Dünkels, huldigen sollte, macht mich unglücklich und elend. Und siehst du nicht, daß in diesem Sträuben und Wehren der Seele das von Gott ihr eingepflanzte Bewußtsein versteckt ruht, welches dem Unglauben entgegnet: „Ihr Thoren und trägen Herzen zu glauben der Schrift!" Würde euer Unglaube, euer trostloses pantheistisches Spinnengewebe von Trugschlüssen, die auf bloßen Schein gebaut sind, wahr sein, dann würde es die Seele ruhig, zufrieden und glücklich machen, statt sie zur Verzweiflung zu treiben. Die Geschichte aller Völker bezeugt es, daß des Menschen Verlangen nach und der Glaube an Unsterblichkeit ihm ins Herz geschrieben ist. Sich von diesem natürlichen L e b e n s b e d ü r f n i ß zu emancipiren, ist die schrecklichste Thorheit, die in der That den Namen W a h n s i n n verdient. Wäre es möglich, daß der Urheber unseres Daseins uns das Verlangen nach Unsterblichkeit zur Qual eingepflanzt haben sollte? Ist es möglich, daß er uns den Gedanken an ein Dasein nach dem Tode denken ließ oder eingab, um uns zu foltern? Solches ist schwerer zu glauben, als jene gräßliche Thorheit, daß der Tod des Leibes das Dasein des Geistes für immer beendet.

Die Wissenschaft bezeugt, daß nichts, auch nicht ein einziges Sonnenstäubchen verloren geht. Wenn nun selbst das Roheste, Niedrigste und Kleinste nicht vergeht oder zu sein aufhört, sollte das Höchste, Edelste und Beste, das selbstbewußte, intelligente Ich, das liebende Herz und der denkende Geist vergehn? Sollte das Höchste der Schöpfung allein dem ewigen Untergange geweiht sein? Nein; ewig Nein! Selbst der verzweifelte Dichter stürmt hervor mit der Forderung:

„Bist Unsterblichkeit mir schuldig,
Sieh' ich fordre sie von dir!"

Ja, Unsterblichkeit sollst du haben. Auf dein Wollen oder Nichtwollen kommt es dabei gar nicht an; du wirst, du mußt sie haben. Kein Mensch kann ihr entfliehn. Nur eine kurze Zeit noch, und du wirst dich wissen, fühlen und sehn als Geistmensch in der großen Geisterwelt. Du wirst dastehn als derselbe Mensch in menschlicher Form, und in einer Welt, von der Keiner wieder in die abgeworfene Leiche zurückkehren kann. Tausende erfahren es täglich, und im Drange der Zeit kommt auch die Reihe an dich. O wie die Phrasen des Unglaubens nach dem Tode gleich Spreu zerstäuben, und wie dorten ringend mit zu später Reue so mancher Geist stöhnend ausruft: „Ach, mein verscherztes Leben!"

Aber du fragst, und das mit Recht, um Aufschluß. Du willst wissen: Was ist die Seele? Was und wo ist die ewige Welt? Wie sieht die Seele aus? Welche Gestalt hat sie? Wo ist der Mann, der mich darüber belehren kann?

In einem solchen Geisteszustande wahrscheinlich, rief an Grabes Rand die schmachtende Seele des sterbenden Dichters: „Mehr Licht!"

Ist es dir ernstlich um die Wahrheit zu thun, dann forsche mit stillem, willigem, Gott ergebenen Geiste in den Werken des großen und gottseligen Emanuel Swedenborg. Dorten findest du „mehr Licht," als in allen wissenschaftlichen und theologischen Werken aller Jahrhunderte vor ihm. Mit den kräftigsten Vernunft= und Erfahrungsgründen werden dir von ihm alle Fragen beantwortet, die in dir auftauchen können. Dieses Werkchen gibt dir nur Andeutungen über die erhabenen Wahrheiten, die in seinen Werken der Menschheit mitgetheilt worden sind. Laß mich dich besonders aufmerksam machen auf sein Werk über die „göttliche Liebe und Weisheit." Gott hat diesen gelehrten, nüchternen, tugendhaften und gottesfürchtigen Mann, dessen Gewissenhaftigkeit über allen Zweifel erhaben ist, für diesen Zweck ins Dasein gerufen, vorbereitet und zu dem Amte eines öffentlichen Lehrers seiner neuen Gnadenspende berufen. Als Gelehrter konnte er unter göttlichem Beistande, bei voller Unterwürfigkeit unter sein heiliges Wort, seine geistigen Sinne geöffnet erhalten und die Gesetze, welche hinter der Natur versteckt wirken, von jener Welt her, also von innen erblicken und darüber verständige Berichte erstatten. Das hat er gethan, sich strenge an Gottes Wort haltend, ohne sich dabei auf solche Zwangsmittel, wie Wunder oder persönliche Autorität zu berufen. Er überläßt es einem Jeden, auch in Betreff aller seiner geistigen Erfahrungen, ihn vernünftig und gewissenhaft zu prüfen und seine eigenen Schlußfolgerungen zu machen. Seine Mittheilungen über jene Welt sind der Bibel nicht zuwider, wohl aber setzen sie weitläufig auseinander und beleuchten bis in die Details hinein das, was das Wort Gottes in allgemeinen Zügen bereits im Buchstabensinn offenbart hat. Die Wahrheiten, die er lehrt, sind, so zu sagen, gleich denen der Geometrie, d. h. sie werden in ihrem eigenen Lichte und in dem Verhältnisse, in welchem sie zu einander stehn, eingesehn. Bei Swedenborg geht's dem Menschen wie einem Schüler, dem sein Lehrer das Rechnen lehrt. Er glaubt ihm zuerst, daß $2 \times 2 = 4$, oder 2 in 4 zwei Mal enthalten ist, aber nachdem er solches selbst eingesehn hat, glaubt er es nicht mehr auf die Aussage des Lehrers hin, sondern weil er selbst davon überzeugt ist. Swedenborg verlangt daher auch nicht, wie schon gesagt, ihm zu glauben auf Grund eines mit göttlicher Vollmacht versehenen unfehlbaren Botschafters, sondern respectirt das Privaturtheil des Einzelnen und überläßt es ihm, zu prüfen und bei sich selbst zu entscheiden, ob seine Lehren und Berichte wahr und glaubwürdig sind. Seine Glaubwürdigkeit beruht ganz allein auf dem Inhalte oder dem inneren Gehalte seiner Lehren, und dieser stellt ihm das Zeugniß seines Berufes an die Menschheit als eines von Gott verordneten Gesandten aus. Vollkommen die Freiheit der Menschen achtend, hält er allen Zwang in Glaubenssachen für höchst verwerflich. Indem sich bei ihm Religion und Wissenschaft innigst vereinigen, ja einander bedingen, fordert er zur Prüfung seiner Schriften nichts weiter und mehr, als ein aufrichtiges, liebevolles, die Wahrheit ehrendes und das Gute liebendes Herz, neben einem gesunden, unbefangenen, vorurtheilsfreien, logisch denkenden und richtig schlußfolgernden Verstande. Sein Grundsatz, mit dem er belehrend allen Menschen entgegen kommt, ist der: „Alles Gute entwickelt sich in Vernünftigkeit und Freiheit." Von hoher Ehrfurcht vor Gott und der heiligen Schrift erfüllt, ehrt er die Religion wie kein anderer Mensch seit Christi Zeiten sie jemals ehrte und hochachtete, uns zurufend: „**Alle wahre Religion hat Bezug auf das Leben, und das Leben aller wahren Religion ist Gutesthun.**"

Er war nicht der Stifter einer Sekte oder Kirche. Die Neue Kirche **glaubt nicht an ihn**, sondern an **Christus als ihr Haupt**. Swedenborg ist ihr ein wichtiges Mittel des Herrn zur Verbreitung der Wahrheit, der Diener des Herrn Jesu Christi, aber auch nichts mehr. Die in seinen Schriften auf sich selbst beruhende, sich selbst beweisende und zur Besserung und Beseligung des Menschen anweisende Wahrheit ist die Autorität der Neuen Kirche. Lehrreich und erfreulich wie seine Mittheilungen über das Jenseits auch sein mögen, seine geistigen Augen wurden ihm nicht geöffnet, um unsere Neugierde über das zukünftige Leben zu befriedigen. Seine Mission war vorzüglich die, den inneren Sinn des Wortes Gottes, wie er im Himmel bekannt und mit aller wahren Wissenschaft und jedem möglichen Fortschritte des gesunden Denkens übereinstimmt, der Welt kund zu thun. Er bringt den Menschen die wahre **Wissenschaft der Wissenschaften**, womit sie in alle Geheimnisse der Natur und der Schrift eindringen und die Herrlichkeit Gottes selbst sehn können: **Die Wissenschaft der Correspondenz**. Er zeigt, daß unser Gott die absolute Liebe und Weisheit und Einer im Wesen und Person ist, und daß in ihm die ganze Gottesfülle oder Dreieinheit wohnt in Einer Gottperson. Und damit löst er das größte dogmatische Geheimniß: Die Einheit in der Dreieinheit, und die Dreieinheit in der Einheit Gottes, des Einen Herrn. Darauf hin, daß unser Gott ist lautere Liebe und Einer in Wesen und Person, daß Sein Wort ist heilig im Buchstaben und Geiste, und daß ein wahrheitsgetreuer und ächt liebe= voller Glaube das Wesentlichste aller wahren Religion ist, beruht die neue Gnadenspende, welche er die Neue Kirche nennt. Sie ist deshalb keine engherzige Sekte, auch keine Sekte unter den Sekten, sondern die ächte allgemeine Got= teskirche. Sie wird sich eben deshalb auch in der Zukunft erweisen als die Krone aller Kirchen, die jemals auf Erden waren. Die Weisen aller Völker werden zu ihr kommen und in ihrem Lichte wandeln.

Auf die Grundsätze dieser Kirche und die Lehrschriften Swedenborgs gestützt, gedenke ich die jede wahre Men= schenseele ernstlich interessirenden Fragen über das ewige Leben zu beantworten. Besonders aber gedenke ich tröstent= den Balsam auszuschütten auf das wunde Herz weinender Eltern am Grabe ihrer Kinder.

Was ist ein Geist?

Der wirkliche Mensch ist ein geistiges Wesen. Was ihn zu einem solchen macht, ist sein Wille und Verstand. Da er nun im Tode den materiellen Leib ablegt, so folgt, daß er, wenn er nach demselben nicht zu sein aufhört, nur als rein geistiges Wesen fortleben kann. Man sieht daher auf die Verabschiedeten als geistige Wesen und nennt sie Geister. Jeder Verstorbene ist demzufolge ein Geist. Da aber ein Wesen nicht bestehen kann, außer es besteht aus Etwas, das es ausmacht, so folgt, daß ein rein geistiges Wesen eben so sehr, wie ein materielles, Substanz und Form haben muß: Substanz, aus der es organisirt, und eine Form und Gestalt, zu der es zusammengesetzt ist. Ein Geist muß daher ein Wesen sein, das aus geistigen Substanzen zu einer Form gebildet ist. Da nun der materielle Ueberbau, in welchem der Mensch als Geist auf Erden wohnt, der menschliche Körper ist, so folgt, daß derselbe muß so weisheitsvoll organisirt sein, daß jedes Glied und jeder kleinste Theil eines jeden Gliedes, bis auf die allerkleinsten Fäserchen, eine solche dem Geiste entsprechende Organisation besitzt, daß der Geist mit seinen Formen genau in denselben hineinpaßt und auf ihn einwirken kann. Der ganze materielle Körper und jedes Theilchen desselben muß daher an Form und Gestalt der Form und Gestalt des Geistes entsprechen, und daraus folgt denn, daß der Geist die menschliche Form und Gestalt hat, also der Geist innerhalb des materiellen Körpers zu einem menschlich-gestalteten geistigen Leibe aus geistigen Substanzen zusammengesetzt ist. Der Geist muß deshalb nach dem Tode die menschliche Form haben, in jeder Hinsicht Mensch sein und folglich auch wie ein Mensch aussehn. Die Bibel lehrt daher, daß der Mensch zwei Arten von Leiber hat, nämlich einen natürlichen oder materiellen, und einen geistigen Leib. Sie sagt also: „Es wird gesäet (bei der Empfängniß) ein natürlicher Leib, es wird auferstehn ein geistiger Leib. Es ist ein natürlicher Leib, und es ist ein geistiger Leib." 1 Cor. 15, 44.

Daß der Mensch wirklich in einem geistigen Leibe die Leiche verläßt und aufersteht, und zwar gleich nach dem Tode, ist deutlich aus vielen Stellen der Hl. Schrift, so z. B. daraus, daß der Herr dem sterbenden Schächer am Kreuze zurief: „Wahrlich, ich sage dir, heute wirst Du mit Mir im Paradiese sein." Sollte er aber noch an demselben Tage dem Herrn im Paradiese, welches in der geistigen Welt ist, begegnen, so mußte er Leib und Sinne und alles haben, was einen vernünftigen Geist ausmacht, um Ihm begegnen, Ihn wahrnehmen und Seine Gegenwart genießen zu können. Ein anderer Beleg dafür, daß verabschiedete Menschen völlige Menschen in geistigen Leibern sind, ist die Erscheinung des Moses und Elias auf dem Berge der Verklärung. Vor Jahrhunderten waren ihre Leiber gestorben, und doch erschienen sie in menschlicher Gestalt, und so deutlich und täuschend, daß Petrus sie gerne an die Erde gebannt und für ihren Aufenthalt Hütten gebaut hätte. Er bedachte in seiner Bestürzung aber nicht, daß er sie mit geistigen Augen in der geistigen Welt sah, und daß sie Geister waren, die nicht in irdischen Hütten wohnen konnten. Deshalb heißt es: „Er wußte aber nicht, was er redete, denn sie waren bestürzt." Daß die Jünger aber doch wußten, daß ein Geist menschliche Gestalt hat, ergibt sich daraus, daß sie den Herrn, als Er ihnen auf dem Meere erschien, zuerst für einen Geist hielten. (Luc. 24, 37.) Die Engel, wo sie auch in der Schrift angeführt werden, erscheinen immer als Menschen in Menschengestalt, und die Schrift lehrt ausdrücklich, daß sie Geister oder Geistmenschen seien. „Sind sie nicht allzumal dienstbare **Geister**?" Heb. 1, 14. Und daß sie Menschen aus dem menschlichen Geschlechte, und viele davon einstens auf dieser Erde und andere auf anderen Erden als Menschen geboren wurden, lebten, starben und im Himmel Engel wurden, ist klar daraus, daß sie, wenn sie den Menschen auf Erden erschienen, es mitunter selbst bezeugten, daß sie dereinst auf dieser Erde als Menschen lebten. So z. B. erscheint ein Engel des Herrn dem Johannes, und sagt diesem, als er ihn anbeten wollte, er soll es nicht thun, weil er einer seiner Mitbrüder, ein ehemaliger Prophet war, und daß er sein Gebet zu Gott richten solle: „Siehe zu, thue es nicht; denn ich bin dein Mitknecht, und einer deiner Brüder, der Propheten, und derer, die da halten die Worte dieses Buchs; bete Gott an." Offenb. Joh. 22, 9.

Daß aber alle Verstorbenen gleich nach dem Tode auferstehn, und vor Gott als lebendige Menschen oder unsterbliche Geister leben, bezeugt der Herr sehr nachdrucksvoll den Sadducäern, die an gar keine Auferstehung oder an kein Fortleben nach dem Tode glaubten. Er sagte ihnen, daß alle Verstorbenen vor Gott leben, und daß Er folglich nicht ein Gott der Todten, sondern der Lebendigen sei, die Ihn im Himmel umgeben und sich ihres glückseligen Daseins erfreuen. „Was aber die Auferstehung der Todten betrifft: habt ihr nicht gelesen den Spruch, der für euch von Gott ist, da Er sagt: Ich bin der Gott Abrahams, und der Gott Isaaks, und der Gott Jakobs. Nicht ist Gott ein Gott der Todten, sondern der Lebendigen: denn sie leben ihm Alle." Matth. 22, 29—32. Lucä 20, 38. Und auch Hiob lehrt, daß er **ohne Fleisch**, also als Geist, Gott sehn würde. Nach Dr. De Wette's Uebersetzung lautet die Stelle Hiob 19, 25, 26 also: „Ich weiß, daß mein Retter lebt, und der Letzte bleibt Er auf der Erde; und nachdem diese meine Haut zerstört ist, **auch ohne**

Fleisch werd' ich noch Gott schauen." Alle die Schaaren von Seligen, und unter ihnen viele Märtyrer, die um des Zeugnisses Jesu willen auf Erden hingerichtet wurden, und welche Johannes, als ihm seine Geistesaugen geöffnet waren, im Himmel sah, hatten die menschliche Gestalt, trugen Kleider, hatten Palmen in ihren Händen, besaßen einen Mund, um Gott zu loben, Füße, um in Processionen zu gehen, waren folglich ausgestattet mit allen geistigen Fähigkeiten und mit einem Leibe, der sie zu „vollendeten Gerechten" und als solche zu vollständigen Menschen oder Geistern machte. „Sie leben Ihm Alle" und können fortan nicht mehr sterben. Weil Gott selbst der absolute Geist ist, so sind seine wahren Ebenbilder endliche unsterbliche Geister. Die volle Ebenbildlichkeit Gottes tritt bei den gottseligen oder wiedergeborenen Menschen erst dann recht hervor, wenn sie das völlig und ganz sind, wofür sie geschaffen wurden: Geister.

Der Geist übt stets einen geordneten Einfluß auf den materiellen Leib aus, und er ist für denselben das, was man gewöhnlich die Seele nennt. Der menschliche Körper besteht nämlich aus verschiedenen menschlichen Formsätzen, von denen die innersten und feinsten der Seele zunächst liegen und von ihr beeinflußt und belebt wurden. Von den verschiedenen materiellen menschlichen Formen und Organisationen, deren eine über der anderen erhaben ist, kommen wir daher zuletzt zu der geistigen Menschenform, die der wahre Mensch als geistiges Wesen ist, und welche die an sich todte Materie des Körpers belebt. Diese setzt die materielle Maschine in Thätigkeit und figirt und windet um sich herum durch Assimilation aus materiellen Stoffen ihr irdisches Gehäuse. Um dieses noch klarer zu machen, will ich hier einen Auszug aus einem Artikel des „Boten der Neuen Kirche" geben.

„Wenn das Gerippe des menschlichen Leibes von den anderen Theilen des Körpers abgesondert angeschaut wird, so bietet es sich dem Auge dar als roher Umriß der Form eines Menschen. Zwar ist diese Form nicht vollständig, aber so weit wie sie geht, ist sie genau. Sie formirt ein Skelett, welches **deutlich menschlich** aussieht. Da findet sich nicht ein einziger Knochen, der dem Körperbau irgend eines anderen Geschöpfes angehören könnte. Die erste deutliche Idee, welche sich beim Anblicke desselben dem Gemüthe aufdrängt, ist die, daß es dem Menschen angehört.

Wenn wir jetzt das System der Fibern nehmen, welches dem Gerippe zunächst liegt, nämlich die Muskeln, die den Knochenbau umkleiden, trennen es in gleicher Weise von dem übrigen Theile des Leibes und schauen es an, so zeigt sich uns eine Form, die noch mehr eine menschliche ist, als die vorige, und welche dem vollständigen Körperbau des Menschen viel ähnlicher aussieht. Aber sie ist doch sehr mangelhaft und ohne jene abgerundete Fülle, welche das Aeußere des lebendigen Körpers charakterisirt.

Wiederum, wenn wir die Pulsadern für sich, und die Schlagadern für sich nehmen, und sie ebenso behandeln, so wird das Resultat ein gleiches sein, nämlich eine menschliche Form, die, obwohl unvollständig, sich ihr nähert an Vollständigkeit.

Wenn man aber statt irgend eines andern die Cerebral-Spinal-Are nimmt, d. i. das Gehirn- und Nervensystem, so wird die Wirkung eine etwas verschiedene sein. Die damit präsentirte Form zeigt sich uns viel vollständiger in menschlicher Form, als irgend eine der vorigen. Und wenn uns alle Verzweigungen, Netze und Fibern der Nerven könnten naturgetreu vorgeführt werden, so würde das Bild der menschlichen Form ein vollständiges sein. Das Auge würde beim ersten Anblicke getäuscht werden, denn so vollständig würde die Darstellung aller Theile sein, daß wir, ohne genauere Untersuchung, glauben würden, den ganzen Menschen vor uns zu haben.

Wir sehn hieraus, daß das Körpersystem aus mehreren

Sätzen von menschlichen Formen besteht, die mit einander so verwoben, und unter einander so verbunden sind, daß eine Form die andere bekleidet und trägt.

Wenn wir die Verbindung dieser Formen nun von einem andern Standpunkte aus betrachten, so werden wir die Entdeckung machen, daß eine folgerechte Ordnung in der Weise ihres Arrangements besteht, wie auch in den Graden der Befähigung, um die menschliche Form darzustellen. Die allergröbsten, festen, erdartigen Theile sind am wenigsten fähig sie darzustellen, während je höher wir aufwärts steigen in die feineren, weicheren und fleischartigen Theile, es sich zeigt, daß sie ihr allmählig näher kommen. Gelangen wir zu den complicirtesten, im höchsten Grade organisirten und am meisten belebten Theilen, so finden wir, daß dieselben am vollständigsten von allen der menschlichen Form nahe kommen.

Der Geist, welcher die vollständigste menschliche Form ist, wirkt am direktesten oder unmittelbarsten auf das Gehirn und dessen Ausläufe, das ist, auf das Nervensystem ein. Durch dieses wirkt er auf die Gefäße und Muskeln, und durch diese wieder auf die Knochen oder das Gerippe.

Die geordnete Reihenfolge des Lebenseinflusses, wodurch die Seele auf den Leib einwirkt und ihn bewegt, geht daher von oben nach unten, von innen nach auswärts, von den feinsten zu den weniger feinen Theilen."

Halten wir denn fest, daß der Geist der Mensch selbst ist, und daß der geistige Leib die vollkommenste menschliche Organisation und Gestalt hat.

Ich habe vorhin gesagt, daß der geistige Leib, so zu sagen, die Seele des materiellen Leibes ist; aber damit will ich nicht sagen, das der geistige Leib die Seele selbst ist. Dieselbe ist innerhalb des geistigen Leibes und ist aus den feinsten geistigen Substanzen in menschlicher Form zusammengesetzt. In ihrem allerinnersten Gebiete, welches allem menschlichen Bewußtsein und folglich aller Erfahrung und Anschauung unzugänglich ist, fließt das Leben von Gott ein. Ihr Organismus ist von Gott so eingerichtet, daß er das Leben in seine geistigen Aufnahmsgefäße aufnimmt, selbstständig verarbeitet, und also getrennt=verschieden vom göttlichen Leben macht. In der allertiefsten Tiefe der Seele ist Gott bei allen Seelen oder Menschen gegenwärtig. Deshalb auch sind sie fähig, sich zu Gott zu erheben und ewig zu leben, ewig fortzuschreiten und ewig vervollkommnet zu werden. Das Thier kann das nicht, denn das Leben fließt bei ihm von Gott blos mittelbar durch die geistige Welt ein, weshalb es sich nie zu Gott zu erheben vermag. Es bringt seinen völlig ausgebildeten Willens= und eine Art von Denkgrad mit sich und kann darin nicht weiter vervollkommnet, sondern blos dem Menschen unterthan gemacht werden. Wohl kann es dressirt und veredelt werden durch den Menschen; was aber die Thiere durch Dressur erlernen, ist das, was der Mensch aus sich in dieselben hineinzwingt: es ist etwas Menschliches, das der Mensch aus sich künstlich ins Thier hineinlegt. Dasselbe vergeht aber wieder, wenn man das Thier allein läßt. Auch wird es niemals ein Lehrer für andere Thiere. Der Mensch allein ist angelegt, sich zu Gott zu erheben und seinem Ebenbilde durch die Befähigung, ewig vervollkommnet zu werden, zuzustreben. Der Mensch muß daher, als geistiges Wesen, ewig fortleben.

Soviel muß jetzt Jedem deutlich und klar sein, daß der Mensch, als geistiges Wesen, ein Etwas ist, und daß er als ein Etwas aus Etwas besteht. Da aber zum Dasein eines Etwas Wesen und Substanz und folglich eine Form gehört, so muß er ein aus geistigen Substanzen zusammengesetzter Lebensorganismus sein, und dieser kann keine andere Form als die menschliche haben. Und daraus ergibt sich auch, daß das göttliche Urbild, nach welchem er geschaffen wurde, ein **gottmenschliches** oder der **Gottmensch** ist.

Der Mensch als geistiges Wesen, begabt mit Willen und Verstand, also der reale Mensch, kann daher nicht ein ätherisches Gewebe, ein Schatten, Hauch oder Luftbild sein. Er ist der Mensch selbst, erhaben über dem Leibe, und an ganz andere Gesetze als die der groben, plumpen und schwerfälligen Materie gebunden, die an sich selbst todt ist.

Alles Materielle läßt sich mehr oder minder unter die Gesetze der Zeit und des Raumes bringen, und daher messen und wägen. Meine Gedanken und Gefühle, kurz alles, was das Ich oder Individuum ausmacht, sind über diese Gesetze erhaben. Es gibt keine Vergrößerungsgläser, um Gedanken zu sehn, keine Wagschalen um Gefühle zu wiegen, keine Ellen und Maaße, um Wahrheit und Liebe, Tugend und Laster, Absichten und Ideen zu messen. Es gibt kein Messer, das Gedanken trennt, kein Feuer, das Gefühle brennt. Die Gase und Schatten lassen sich messen, magnetische und elektrische Wirkungen lassen sich nach zeitlichen und räumlichen Maaßen bestimmen; aber der Mensch als Geist läßt sich nicht unter die Gesetze der Materie zwingen. Nimm von der Materie ab, und sie wird kleiner, d. h. der Grundstock wird schwächer; aber dem ist nicht so mit dem Geiste. Bei ihm ist das Umgekehrte der Fall. Theile deine Gedanken Tausenden mit, und du verlierst nichts davon, sondern du bereicherst dich nur um so mehr. Deine Gedanken werden reichhaltiger und stärker. Die Seele oder der Geist hat also durchaus keine Verwandschaft mit der Materie. Beide sind **getrennt ungleich**. Die Materie ist kein verdickter Geist, und der Geist keine verdünnte Materie. Keines leitet zu dem anderen über, keines von beiden läßt sich durch Fortsetzung transmutiren oder verwandeln. Der Geist wird nie Materie und die Materie nie Geist. Beide sind **getrennt verschieden**. Jedes hat seine eigene Natur, sein

eigenes Sein, seine eigene Beschaffenheit und seine eigene
und total unabhängige Existenz. Die Materie, die an sich
selbst leblos ist, wird vom Geiste belebt und zu dem, wozu
es der sie beeinflußende Geist macht, gestaltet.

Die Seele ist also ein für sich absolut unabhängiges und
selbstständiges Wesen. Bestehend aus geistigen Substanzen,
ist sie an Wesen und Form der Mensch selbst. Um sie
hüllet sich entsprechend die materielle Menschengestalt, ge=
nannt der thierische Leib. Die Seele durchlebt jedes
Fiberchen, jeden auch den geringsten Theil des Körpers und
schließt sich also dem zeitlichen und räumlichen Leibe an,
während sie in sich selbst über Zeit und Raum er=
haben für sich selbst da ist. Das Gesetz, welches
Leib und Seele verbindet, heißt die Correspondenz. Mit=
tels des Gesetzes der Correspondenz erfüllt die Seele den
materiellen Körper so genau, und theilt ihm das Leben so
durch Einfluß mit, wie das Wasser einen Schwamm in
allen seinen Poren mit sich selbst ausfüllt. Das Fleisch
erhält alles Leben und seine ganze Gestalt von der
Seele. Der natürliche Leib ist blos ein über die Seele
gestülptes Zelt, ein Gehäuse, ein entsprechendes Kleid,
ein materieller Ueberwurf und ein im untersten Schöpf=
ungsgrade rohes Abbild des ihm Gestalt gebenden Geistes.
Die Seele kommt gleichzeitig mit ihm ins Dasein und
wohnt darin. In ihm macht sie die erste Schule des Da=
seins durch. Sie und die rohe materielle Welt sind ihr
Vorhof, ein Blumenbeet, aus welchem der himmlische
Gärtner sie durch den Tod in die andere Welt verpflanzt.
Sie ist der Cocon, die Puppe, die sterbende Raupe, aus
welcher der Schmetterling im Frühlinge seine Himmelfahrt
hält. So sprach der Herr über die Seele und den Tod des
Leibes, und deutlich bezeugte Paulus diese Wahrheit in den
Worten: „Wir wissen aber, so unser irdisches Haus dieser
Hütte zerbrochen wird, daß wir einen Bau haben von Gott,
ein Haus nicht mit Händen gemacht, das ewig ist in den

Himmeln." 2 Cor. 5, 1. Das Haus oder Zelt unseres irdischen Aufenthalts ist der natürliche Leib. Wenn der Tod diesen Leib zerbricht, dann haben wir einen Leib, der nicht irdisch und nicht den aus materiellen Stoffen gemachten natürlichen Häusern gleich ist. Und was das für ein Haus ist, sagt er uns an einer anderen Stelle, nämlich 1 Cor. 1, 15, 44: „Es wird gesäet ein natürlicher Leib, (bei der Empfängniß,) und wird auferstehn ein geistiger Leib. Hat man einen natürlichen Leib, so hat man auch einen geistigen Leib." Paulus lehrt also: Jeder Mensch, weil er einen natürlichen oder thierischen Leib hat, hat auch einen geistigen Leib. Er hat also einen Auferstehungsleib gleich nachdem der irdische Leib stirbt. Der Verstorbene braucht also nicht erst auf einen Auferstehungsleib zu warten.

Da wir nach dem Tode als Geister in geistigen Leibern in eine aus geistigen Substanzen organisirte geistige Welt eingehn, so ist es rein unmöglich anders dorthin zu kommen, als durch den Tod des natürlichen Körpers; „denn Fleisch und Blut können das Reich Gottes nicht ererben." Weil sie es aber nicht ererben, deshalb können Fleisch und Blut auch nicht auferstehn. Selige Geister haben daher kein Verlangen, je wieder in unseren schwerfälligen materiellen Leibern zu wohnen. Sie haben einen viel wirklicheren, besseren und schöneren Leib, der ganz für jene Welt paßt.

Die Kinder, welche sterben, haben natürlich ebenfalls einen geistigen Leib, in dem sie auferstehn. Ihre geistigen Auferstehungsleiber entsprechen den zarten Zuständen ihres unausgebildeten Geistes. Sie sind Kinder in jedem Sinne des Wortes. Sie stehen nicht unnatürlich auf, oder mit Leibern passend für erwachsene Geister, sondern sie stehen dorten auf als Kinder in geistigen Kindesleibern.

Sehn wir nun im Lichte dieser Wahrheit auf den Tod,

so verliert er für uns alle Schrecken; denn wir wissen, wir stehn auf sobald unser kranker Leib todt niedersinkt. Ihn mag der Tod nach ausgestandenen Leiden als veraltetes und welkes Kleid vernichten, uns selbst tastet er nicht an. Wir sterben nicht; wir können nicht sterben. Alles was da stirbt, ist die Erdenhülle.

Wir befinden uns hier auf dem Kirchhofe, umgeben von Todtenhügeln. In diesen Gräbern ruhen die abgetragenen Kleider von ausgewanderten Geistern. Sie streiften sie ab, das irdische Thor hinter ihnen schloß sich zu, und sie erwachten im großen Jenseits. Alle die unzähligen Schaaren, welche die Güte Gottes ins Dasein rief, leben. Ja, „sie leben Ihm alle!" Dorten sind auch unsere Kinder, und dorten werden wir sie wiedersehn. Sorge nur du dafür, daß du ein Kind Gottes wirst, ehe der Tod ruft: „Komm!" Unsere heimgerufenen Kleinen sind dorten sehr wohl aufgehoben. Sie sind selig, und jedes Kind, das stirbt, ist seiner Seligkeit gewiß. So ist es aber nicht mit den Erwachsenen. Wie steht es mit dir?

Wenn Grabgesang und Todtenglocke schweigen,
Wenn Leichenduft das stille Grab umweht,
Wenn auf dem Hügel sich die Blumen neigen,
Im nächsten Herbst die Felder abgemäht;
Wenn dich vergessen hat die kalte Welt,
Im Winter Schnee auf stille Gräber fällt;
Bei Nachtfrost, Windgeheul und Schneegestöber,
In trauter Heimath, bei der Lampe Schein,
Man nur mit Grausen spricht von Kirchhof, Tod und Gräber;
Wie wird es dann um deine Seele sein?
Der Sarg versinkt, die Freunde kehren heim,
Und du?—Wie dann?—Frag dich allein!

Was und wo ist die geistige Welt?

Hier in des Friedhofs stillem Haine, wo jedes Grab uns erinnert an unsere eigene Hinfälligkeit, wo fast keine Ueberreste verabschiedeter Geister ruhen, bei deren Sterben nicht ein oder mehrere Herzen jene schmerzliche Empfindung durchmachten, die man am Scheidewege der Ewigkeit erfährt,—hier laßt uns heute wieder weilen und nachdenken über das, was unserer wartet nach dem Tode des irdischen Leibes.

Vor dir ist das Grab deines Kindes. Doch nein; nicht so! Du weißt es jetzt besser: Hier ist nicht das Grab deines Kindes, sondern das Grab der Hülle, die es trug. Dein Kind ist längst auferstanden in der himmlischen Welt. Hier ruht in einem modernden Sarge ein sich auflösender Körper, dessen schöner und symmetrischer Bau sich nicht mehr erhalten und fortbewegen konnte, als das Kind selbst ihn verließ. Er wird jetzt wieder das, woraus er bestand: Erde, Asche, Staub. Was in ihm dachte, liebte und sich selbst bewußt war, liegt hier unten nicht. In schönerer Menschenform umhüllt die verabschiedete Seele ein substantieller Geistleib, von dem die jetzt im Grabe ruhende Hülle nur ein Abdruck und ein vergängliches Bild war. Dein Kind lebt, und es ist in einer lebendigen Welt.

Von jener Welt laß uns jetzt reden. Wo ist sie? Woraus besteht sie? Wie sieht sie aus? Ist sie fern, oder ist sie nahe? Besteht keine Verbindung mit ihr und unserer Welt? Ist es möglich sie inne zu werden, sie zu sehn? Gibt es keinen Weg, keine Mittel, um mit ihr in Verkehr zu kommen? „O, was gäbe ich darum, nur einen Blick von ihr zu haben, nur für eine Minute lang mein Kind zu sehn! Dann wäre ich glücklich und zufrieden."—Nein; du wärst es nicht. Du würdest nicht eher glücklich und zufrieden sein, bis du gänzlich dort wärest. Könntest du sie sehn, du würdest dich so viel damit beschäftigen, daß du untauglich für das Leben dieser Welt würdest und gänzlich die Aufgabe vernachlässigtest, die Gott dir aufgetragen hat. Es sind noch andere Herzen da, die deiner Liebe, Aufmerksamkeit und Pflege bedürfen, als dein jetzt so glücklich aufgehobenes Kind. Du wirst dein Kind dorten zeitig genug widersehn. Es währt nur wenige Jahre, dann bist und bleibst du in jener Welt. Dorthin kommst du zeitig genug, aber hierher kannst du nicht wieder zurück. Gottes großer Weisheit ist es bekannt, daß es für dich viel besser ist, von jener Welt verhüllt zu sein und ihr hier mit Sehnsucht entgegen zu sehn, als sie deinen natürlichen Sinnesblicken, oder denen deines Geistes bloß zu legen. Die Möglichkeit, deine geistigen Augen zu öffnen und sie zu sehn, ist nicht allein vorhanden, sondern liegt allen Menschen sehr nahe. Mitunter gestattet es der Herr, daß gewisse Menschen in diesen Zustand kommen und sogar für längere Zeit in täglichem Verkehr mit der geistigen Welt stehn; und es gibt jetzt Menschen in dieser Welt, welchen diese Erlaubniß vom Herrn aus weisen Absichten zutheil geworden ist. Leute, die in diesen Zustand kommen, stehn stets in großer Gefahr und bedürfen des besonderen Schutzes der göttlichen Vorsehung, um nicht von bösen Geistern an ihren unsterblichen Seelen Schaden zu leiden. Wäre es für alle Menschen gut, in offenen Verkehr mit jener Welt zu treten, so würde es die Liebe Gottes keinem Menschen vorenthalten; aber es ist uns nicht gut. Der Herr hatte Swedenborg von der Geburt her sein ganzes Leben lang dafür vorbereitet; denn es war seine Bestimmung, als sein Diener uns die Gesetze jener Welt wissenschaftlich zu erschließen, und deshalb mußte er sie in ihrer ganzen vollen Thätigkeit anschaun und kennen lernen. Durch ihn hat der Herr der

Menschheit alles über die Gesetze und Wirkungen jener Welt mitgetheilt, was ihr gut ist zu wissen, und jeder vernünftige Mensch kann an sich selbst, durch Anschauung seines eigenen Geisteslebens, erproben, ob er die Wahrheit gesprochen hat. Seine Memorabilien oder Mittheilungen aus dem in jener Welt Geschauten enthalten Vieles, das überraschend mit unserem subjektiven Geistesleben übereinstimmt, aber sie enthalten auch wieder Vieles, das wir uns ganz anders dachten, und manchem Leser seiner Werke wird es schwer zu glauben, daß dem so sein kann. Aber so ist es im Leben: wir wollen, daß alles, was man uns mittheilt, mit unseren vorgefaßten Begriffen übereinstimmt, und wenn es das nicht thut, verwerfen wir es als unrichtig und unwahr. Bedenken wir jedoch, daß wir durch neue Erfahrungen so manche alte vorgefaßte Meinungen bereits aufgeben mußten, daß unsere Schlußfolgerungen nicht selten auf falschen Prämissen, auf Unbekanntem und Schein beruhn, und daß unsere Urtheile, namentlich in Betreff des anderen Lebens, nicht vorgefaßte Meinungen zur Norm machen sollten. Bei Offenbarungen und Berichten über jene uns verdeckte Welt, müssen wir erwarten viel, sehr viel Unbekanntes und unseren Begriffen Fremdes zu hören. Eben aus diesem Grunde ist es auch für Gott nicht so leicht möglich, uns Mittheilungen aus jener Welt zu senden. Die Menschen sind viel zu schwach, sie zu ertragen.

Obschon nun Swedenborg selbst den himmlischen Beruf hatte, jene Welt zu sehn, dennoch warnt kein Sterblicher so ernstlich wie er vor diesem Umgange. Er zeigt, daß wen der Herr nicht selbst auf ordnungsmäßigem Wege unter seinem besonderen Schutze dazu berufen hat, sich der allerschrecklichsten Gefahr aussetzt. Er sagt, es ist der direkteste Weg zum Irrenhause. Nur wenige Leute, sagt er, sind fähig, in offenen Verkehr mit jener Welt zu treten, übrigens sei es für jeden Menschen nicht nur m ö g l i c h, sondern unter gewissen Umständen l e i c h t, in offenen

Verkehr mit Geistern zu kommen. Er zeigt, daß die meisten unserer Erdsphäre nahen Geister nicht gut und zuverlässig, und viele davon grundsätzlich böse sind. Mit diesen Geistern treten die Meisten in einen Verkehr, deren geistige Sinne geöffnet werden.

Besonders darum aber ist der offene Verkehr mit Geistern gefährlich, weil sie über uns den Vortheil haben, ungesehn von der uns verborgenen Geisterwelt auf unseren Willen so einzuwirken, daß sie uns alles glauben machen, was sie wollen. Weil wir selbst nicht gut sind, so ziehen wir in diesem Zustande, d. h. bei offenem Verkehr mit der Geister= welt, durch unsere unüberwundenen Uebel allerhand böse Geister an. Mit der wunderbarsten Geschicklichkeit der Redekunst suchen sie uns glauben zu machen, daß sie gute Geister seien, und sie sprechen oft so demüthig von den höch= sten Tugenden, daß der Unerfahrene glaubt Engel vor sich zu haben, während sie oftmals die allerverdorbensten Geister sind, die ihre höllische Freude daran haben, die unreinsten Lüste bei uns aufzuregen, Ehegenossen zu trennen, oder sonst Schändliches auf Umwegen zu bewirken. Andere böse Geister gehn nicht so weit, sondern haben blos ihre Freude daran, die Menschen auf Erden zu belügen und ihnen Falsches und Irrthümliches einzupflanzen. Sie sind be= sonders gefährlich darum, daß sie den Vortheil besitzen, aus unserem Gedächtnisse unser ganzes vergangenes Leben zu lesen, weshalb sie uns längst vergessene Dinge genau wiedererzählen und uns auf andere Weise in großes Staun= nen und zuletzt in die Willigkeit, **ihnen alles zu glauben** versetzen. Außerdem können sie sehr leicht alle erdenklichen Gestalten annehmen und Charaktere jeder Art nachahmen, so daß Mancher glaubt seinen verstorbenen braven Vater, oder seine verstorbene rechtschaffene Mutter vor sich zu haben, während der Geist vielleicht ein Mörder, Pferdedieb, eine Metze oder sonst ein nichtswürdiger kürzlich oder längst verstorbener Charakter ist. In ihrer Nach=

ahmungskunst besitzen sie eine solche Fertigkeit und sprechen
so zutraulich und ehrlich scheinend, daß auch der kritischste
Beobachter sehr leicht getäuscht wird. Aus diesen und vielen
anderen Gründen hat der Herr die geistige Welt unseren
Blicken weisheitsvoll verhüllt, und er gestattet es deshalb
selten, daß a u f r i ch t i g e m u n d e r l a u b t e m Wege
Menschen in Verkehr mit jener Welt gelangen. Was die
Ueberzeugung vom Leben nach dem Tode betrifft, so reichen
vernünftige Gründe und biblische Belege viel tiefer in des
Menschen Herz, und gewähren der Seele eine festere, blei=
bendere, bessere und trostreichere Ueberzeugung. Was man
sieht und hört, wie genau man es auch sehn und hören
möge, ist der Täuschung der Sinne unterworfen; es ist un=
zuverlässig und vermehrt am Ende nur den Zweifel. Des=
halb sagte auch Abraham zum reichen Manne, als ihm dieser
vorargumentirte, „wenn einer von den Todten zu ihnen
ginge, so würden sie Buße thun": „„Hören sie Moses und
die Propheten nicht, so werden sie auch nicht glauben, ob
Jemand von den Todten auferstände.""

Jene Welt ist eine wirkliche Welt. Sie besteht aus
Gegenständen, die so wirklich und noch viel wirklicher sind,
als die Dinge dieser Erdenwelt. Aber jene Welt ist nicht
eine materielle, sondern eine geistige Welt. Diese Welt ist
aus vergänglicher, träger und an sich todter Materie zu=
sammengesetzt, die nichts als verdicktes Gas ist, und dessen
kleinste Theilchen umflossen sind von belebenden geistigen
Substanzen der geistigen Welt, ohne welche die Materie gar
nicht leben könnte. Die Materie ist ein diskreter Abwurf
der geistigen Welt, entstanden aus der Abgrenzung und
Verendung der geistigen Atmosphären. Die materielle Sonne
ist die Concentrirung dieser Verendung, und aus ihr ent=
stand und entsteht fortwährend das niedrigste der Materie,
aus welchem diese Erde und unsere irdischen Leiber zusam=
mengesetzt sind.

Die geistige Welt besteht aus lebendigen Substanzen und

ist unvergleichbar viel wirklicher als diese irdische Welt. Während die Materie, aus der diese Welt besteht, an sich todt ist, ist die geistige Substanz, aus der jene Welt besteht, lebendig. Das materielle Weltgebäude zieht sich wie ein Nebelbild über sie hin; sie ist diskret so erhaben über ihr, wie die Seele über dem Leibe.

Du willst nun wissen, was eigentlich geistige Substanzen sind. Ich will versuchen darüber eine kurze Erklärung zu geben, und ich werde dabei, wie auch bei Beantwortung anderer Fragen, einiges schon Gesagte wiederholen müssen.

Abstrahire, so viel du kannst, von Zeit und Raum; denn Wille und Verstand, welche aus geistiger Substanz bestehn, die Swedenborg oft nur kurzweg „Substanz" nennt, sind nicht den Gesetzen des Raumes und der sie begleitenden Zeit unterworfen. Das Geistesleben ist Zustandsleben in und über dem Zeitlichen.

Der Geist, d. h. was in uns denkt und will, besteht aus einem Etwas. Was ist dieses Etwas? Woraus besteht mein Ich? Woraus bestehn meine Gefühle, meine Gedanken, meine Vorstellungen oder Seelengebilde? Ich bin, und sie sind da, nicht wahr? Sind sie, so sind sie etwas. Aus nichts besteht mein Ich nicht; aus nichts besteht kein Gefühl und kein Gedanke. Das nun, woraus der Wille, der Verstand, das Vorstellungsvermögen, das Gedächtniß und alles was den Menschen zu einem geistigen Wesen macht — besteht, ist geistige Substanz. Der Mensch ist eine vollkommene geistige Menschengestalt aus solcher geistigen Substanz, so kunstgerecht und harmonisch zu einem Ebenbilde des großen Geistes, unseres himmlischen Vaters, geformt, daß er im endlich-geistigen Sinne seinem Schöpfer völlig ähnlich ist. Gott als den absoluten Geist bezeichnend, heißt es: „Gott ist [der] Geist, und die Ihn anbeten, müssen Ihn im Geiste und in der Wahrheit anbeten." In einem anderen Sinne wird das Wort Geist gebraucht für die

Wahrheit, welche die Vernunft des Menschen bildet und nährt. Der Heilige Geist ist die von Gott ausgehende und die Seele erleuchtende Wahrheit, wodurch sie himmlisch gesinnt und gottselig wird. Was nun die Substanzen, aus welchen Wille und Verstand bestehn, in sich selbst sind, ist unerforschlich und daher ewig unbegreifbar. Es ist auch gar nicht nöthig, daß wir es wissen; denn es kann nichts zu unserem Glücke beitragen. Es ist genug, zu wissen, daß wir sind und daß wir als geistige Wesen aus solchen Substanzen bestehn. Nicht weniger unbegreiflich und ewig räthselhaft bleibt es, was materielle Substanzen in sich selbst sind. Kein Gelehrter auf Erden weiß es und wird es jemals wissen.

Der materielle Leib ist ein Ueberwurf über den wahren Menschen, der ihm dazu dient, sich auf der niedrigsten Stufe der Schöpfung bewegen zu können. Er ist kein Theil des eigentlichen Menschen selbst. Alles Leben, das er besitzt, wird ihm vom Geiste oder der Seele eingeflößt. Er ist so eingerichtet, daß jeder Theil und jedes Theilchen desselben ein Gehäuse für einen jeden Theil und für jedes Theilchen des Geistmenschen ist. Dem Geiste vollkommen passend gemacht, ist der wahre Mensch in seiner geistigen Form und Gestalt durch die Gesetze der Correspondenz mit dem materiellen Leibe innigst verbunden und wohnt darinnen, wie in einem Gezelt, Hause oder Tempel.

Die geistige Welt besteht aus eben solchen geistigen Substanzen, wie der Geist oder Wille und Verstand, die vereint das Gemüth heißen. Dieselbe verhält sich zur materiellen Welt, vergleichsweise, wie sich das Gemüth oder der Geistmensch zum materiellen Leibe verhält. Die Gesetze, welchen der Geist unterworfen ist, sind deshalb durchaus verschieden von den Gesetzen, welche die Materie beherrschen. Er wirkt auf die Materie ein, und je nach ihrer Beschaffenheit bringt er sie in Thätigkeit und gestaltet sie zu Formen, die ihm entsprechen, und wenn zuletzt dieselben seiner Wirkung so widerstreben, daß er sie nicht mehr beeinflussen und reorganisiren kann, zieht er sich von ihnen zurück und überläßt sie dem Verfall oder Tode. Auf diese Weise wirkt die Seele auf den Leib, und die gesammte geistige Welt auf die materielle Welt ein. Das Gesetz, welches beide in Verbindung und Harmonie bringt, heißt, wie schon gesagt, die Correspondenz oder Entsprechung. Der Leib mit seinen Gliedern oder materiellen Formen, und die materielle Welt mit allen ihren Gegenständen oder Formen entspricht dem Geiste, der sie hervorbringt und durch Einfluß belebt. Der materielle Leib correspondirt oder entspricht daher der Seele, und die materielle Welt correspondirt oder entspricht der geistigen Welt. Die geistige Welt ist also, so zu sagen, die Weltseele, und über beiden Welten persönlich erhaben steht Gott, dessen Leben alle Substanzen in geordneter Folge durch Ausflüsse seiner Liebe und Weisheit schafft. Getrennt-verschieden oder discret sind alle und sämmtliche Substanzen des göttlichen Wesens, so daß Gott und seine Schöpfung wesentlich verschieden sind. Die Schöpfung ist daher nicht eine Fortsetzung Gottes, noch ist das innere Leben der materiellen und geistigen Welt Gott. Aber von Gott geht alles Leben und Dasein so aus, daß Alles, was ist, von Ihm seine Existenz ableitet. In diesem Sinne ist es auch gemeint, wenn der Apostel sagt: „In Ihm leben, weben und sind wir."

Das Gesetz, welches den Geist beherrscht, oder nach welchem er sich äußert, ist der Zustand. Zustandsleben gehört geistigen Substanzen allein an, während die Materie den Gesetzen der Schwere, der Zeit und dem Raume angehört.

Fragst du mich nun noch: „Wo ist die geistige Welt?" so antworte ich dir, daß deine Frage „Wo?" Zeit und Raum im Auge hat, und du mich eigentlich fragst: „Wo in Zeit und Raum ist die überzeitliche und überräumliche Welt?" Du könntest mich eben so gut fragen, wie viel Raum nimmt ein Gedanke ein? Oder: Wie lang ist der Wille? Wie breit der Verstand? Wie schwer das Gefühl? Auf die Frage denn: Wo in Zeit und Raum ist die ewige Welt? muß ich dir antworten: Nirgends in Zeit und Raum. Die geistige Welt ist mit der materiellen blos durch Zwischengrade oder feine natürliche Mittelsubstanzen, wie Licht, Wärme und Electricität, und hinter diesen durch noch feinere geistig=natürliche Substanzen und Organe verbunden. Aber Geist und Materie vermengen sich nie, noch ist der Geist dünnere Materie, oder die Materie dickerer Geist. Sie sind getrennt=verschieden, haben nichts miteinander gemein und verkehren nur mittels der Entsprechung. Raum und Zustand begrenzen sich also nicht. Die Materie umgrenzt nicht den Geist. Die materielle Welt ist also keine Ringmauer um die geistige Welt herum.

Mittels der Correspondenz wirkt die Materie auf den Geist zurück oder widersteht ihr, weshalb z. B. bei Kopfschmerzen oder andern Krankheiten und Gebrechen der Geist nicht so frei und frisch denken oder in die untersten Aufnahmsgefäße hinabreichen und wirken kann; aber an und für sich sind Wollen und Denken über allem materiellen Hemmniß frei erhaben. Nach dem Tode, wenn die materielle Form, die den Geist umkleidet, und die bei allen, auch den gesundesten Menschen, mehr oder minder in Unordnung ist, denkt der Geist freier und unendlich viel schärfer. Auf Erden ist es daher wahr, daß für einen gesunden Geist ein gesunder Leib gehört. Es muß denn klar sein, daß die geistige Welt, als die Seele der materiellen Welt, so erhaben über dem natürlichen Universum ist, wie der Geist erhaben über der Materie ist.

Alle jene unzählbar vielen Sonnen mit ihren Planeten, jene zahllose Sternenwelt, die wir Nachts hoch über uns in Wolken und Aether schwimmen sehn, sind Ausgeburten der geistigen Welt und haben sie zur Seele. Sie sind, so zu sagen, verdickte Gashütten unterhalb der geistigen Welt, d. h. in discreten Graden der geistigen Welt subordi=

nirte Unterstufen oder Unterlagen. Die geistige Welt ist gegenwärtig — wo Leben ist. Sie ist da, wo ich denke und meinen Willen äußere, sie ist hier, sie ist überall; wir leben, weben und sind jetzt in ihr. Gebunden an die Materie, wirkt jetzt der Geist oder die Seele nach außen in den materiellen Leib ein; aber nach dem Tode wird das Verhältniß ein umgekehrtes: das Leben, welches sich nach außen hin äußerte, kehrt sich nach innen dem Geiste zu, concentrirt sich in seinem Ich selbst, und der wirkliche Mensch steht dann in doppelter, ja unendlich größerer Geisteskraft da, als zur Zeit, da er noch in der Hülle des Fleisches wirkte. Sein Ich umschließt ein schöner oder häßlicher Geistleib aus geistigen Substanzen, je nachdem er denselben durch sein moralisches Leben hier ausgestaltete. Er ist Mensch durch und durch, nach innerer und äußerer Form. Er hat Augen, Ohren, Nase, Arme, Beine und alle menschlichen Glieder aus geistigen Substanzen. In diesem Geistleibe besitzt er volles Selbstbewußtsein und Willen und Verstand in unendlich höherem Grade, als er dieselben jemals auf Erden besaß, weil die materielle Hülle dieselben nicht mehr abschwächen oder dumpf und matt machen kann.

Wie der geistige Leib, so ist die geistige Welt eine wirkliche Welt aus geistigen Substanzen. Sie ist in der That **die Welt der Welten**, die Mutterwelt und Heimath der Seele. Für sie, um ewig fortgebildet zu werden, schuf der allmächtige Gott unsterbliche Geister und rüstete sie mit einer Anlage und Fähigkeit aus, die zu unendlichem Fortschritte angelegt ist. In der geistigen Welt kann daher nichts mangeln, was den Geist erfreut und seiner Fortbildung nöthig ist.

Es giebt daher in jener Welt an äußerlicher Natur-Schönheit nicht nur alles, sondern noch viel mehr, als diese Welt um uns herum den Sinnen darbietet. In der That ist die materielle Natur nur ein mattes Abbild von jener realen Welt. Und wie kann dem anders sein? Wenn es dorten **nichts** gäbe, so wäre es auch **Nichts**. Eine Welt, die leer oder blos Aether und Luft wäre, würde gar keine Welt sein. Wie könnte eine aller Gegenstände beraubte Welt ferner nur noch den Namen einer Welt verdienen? Was wäre ein Paradies ohne Blumen und Bäume? Wie könnte der Herr dem Schächer im Paradiese begegnet sein, wenn es kein Paradies, sondern ein leerer Raum war? Die Bibel lehrt uns jene Welt als eine wirkliche kennen. Sie spricht von Gärten oder Paradiesen, Bäumen, Flüssen, Meeren, Thieren, Vögeln, Palmen, Blättern, Früchten, weißen Kleidern, Wohnungen, Thronen, Kronen, Harfen, Büchern und dergleichen mehr. Solches sind die Berichte der Bibel. Natürlich-gesinnte Menschen, die keine geistige Substanz zugeben, und die dennoch an die Bibel und eine ewige Welt zu glauben vorgeben, sagen zu solchen Ankündigungen, daß man jene Welt versinnlicht. Haben sie aber jemals daran gedacht, was sie dorten sein würden ohne Augen, Ohren und die übrigen Sinne? Nicht materiell,—substantiell ist jene Welt, d. h. rein geistig, und die Sinne, die solche dort wahrnehmen, sind die geistigen Sinne des geistigen Leibes, die sie jetzt alle haben, und mittelst welcher sie durch die materiellen Sinnesorgane in diese Welt hineinblicken und mit ihr in Verkehr stehn. Nach dem Tode sind die Sinne, die an sich geistig sind, viel kräftiger als jetzt. Würden uns die geistigen Sinne geöffnet werden, so würden wir die Herrlichkeiten jener Welt und ihre Bewohner sehn, würden die Engel sprechen, in Chören singen, und die allerlieblichste Musik in den Paradiesen der Himmel hören.

Es muß auch dem an die Bibel gläubigen Menschen vernünftig und klar sein, daß, wenn es dorten irgend ein Ding gibt, nur ein einziges, sage eine Harfe, eine Blume, ein Kleid, es dann auch möglich ist, daß dorten unendlich viele Gegenstände sind. Gibt es dorten eine Substanz, aus der ein einziges Ding gemacht ist, dann kann auch dieselbe Substanz dazu dienen, irgend einen anderen Artikel, irgend ein Instrument oder sonst etwas zusammen zu setzen oder zu verfertigen, wozu die Geister Talente und Fertigkeit besitzen. Ja, es ist vernünftig und biblisch, zu glauben, daß jene Welt in jeder Hinsicht eine wirkliche ist; und sie ist es auch.

Swedenborg lehrt uns, daß eine göttliche Sonne die ganze geistige Welt bescheint und mit Leben erfüllt. Dieselbe ist die Mutter aller irdischen Sonnen und ihrer materiellen Planetensysteme. Er nennt dieselbe die geistige Sonne. Sie wird gebildet durch das erste aus der Gottheit ausströmende Leben. Ihr Licht ist göttliche Wahrheit, ihre Wärme göttliche Güte oder Liebe. Von einer solchen Lebenssphäre umgeben, „wohnt Gott in einem Lichte, dahin Niemand kommen kann," wie die Schrift sagt. Demzufolge wird Gott in der Bibel mehrmals eine Sonne und auch die Sonne der Gerechtigkeit genannt. Die Substanzen und Dinge jener Welt entstehn aus dieser geistigen Sonne, und sie sind den Dingen dieser Welt ähnlich, nur vollkommener an Gestalt, und viel größer an Verschiedenheit und Schönheit. Ihre äußerliche Erscheinung ist in Uebereinstimmung mit den Gefühlen und Ideen, oder den Zuständen der verschiedenen Engel und Geister. Der Herr schafft daselbst nämlich alles so, daß es mit dem Inwendigen der Bewohner jener Welt in völlig wohlgefälliger Harmonie steht. Die Gegenstände jener Welt machen daher die beglückendsten Eindrücke auf die Seele. Die Schönheit der äußeren Natur entspricht dort vollkommen der Herzensgüte und dem reinen und unschuldigen Gedankengange der himmlischen Bewohner. Weil aber die Substanzen, aus welchen die Gegenstände daselbst gebildet werden, aus der geistigen Sonne und lebendig sind, daher sind sie nicht fix, wie die materiellen Dinge, die ihr Dasein der natürlichen Sonne verdanken. Sie leben und werden von allem Lebendigen angeregt, bewegt und beeinflußt.

Es findet deshalb dorten eine Wechselwirkung zwischen der Seele und den sie umgebenden Gegenständen statt, und zwar so, daß die Seele stets auf die äußere Natur einen sie beherrschenden Einfluß hat. Nachdem die Zustände des Gemüthes sich ändern, übt das von Gott einfließende Leben seinen schöpferischen Einfluß auf die Dinge jener Welt umher aus und modificirt sie so, daß sie stets in völligem Einklange mit dem Gemüthszustande des Engels oder Geistes bleiben. Das Entsprechungsverhältniß zwischen dem inneren allgemeinen Lebenszustande und den Erscheinungen der sie umgebenden Welt ist also dorten vollkommen. Dazu bleibt die schöpferische Gottessonne unverrückt an einem Punkte stehn, fortwährend lebendige Substanzen zu den schönsten Formen gestaltend. Von natürlicher Zeit kann dorten deshalb keine Rede sein, und was Räumlichkeiten anbetrifft ebenfalls nicht, obschon die Letzteren dem Scheine nach existiren. Zeit und Raum gehören der Materie an. Um ein Beispiel zu liefern, wie dorten Räumlichkeiten erscheinen, ohne daß ein beschränkter Raum da ist, brauchen wir nur an die Vorstellungen oder Geistesgebilde von Landschaften, Gärten und an andere malerisch schöne Naturscenen zu denken. In diesen Vorstellungen des Geistes erscheinen Räume, und doch sind keine materiellen Räume vorhanden. Zeit und Raum sind beschränkte materielle Aeußerlichkeiten der trägen und todten Erdenwelt. Dorten sind Zeiten und Räume in ihrem höheren und wahrhaftigeren Dasein, nämlich als lebendige Zustände des Geistes in lebendigen Zustandsfolgen.

Aber die Dinge jener Welt sind nicht, wie eben erwähntes Beispiel, blos subjective Gedankenbilder oder Phantasien, sondern sie sind im allerhöchsten Sinne objectiv. Sie sind viel wirklicher und unvernichtbarer als die Dinge dieser Welt; denn sie sind lebendig aus lebendigen Substanzen, während die Dinge dieser Welt aus todten materiellen Stoffen bestehn, die blos durch die lebendigen Einflüsse jener Welt in's Dasein kommen, um bald darauf wieder zu vergehn.

Jene Welt ist eine wirkliche, eine lebendige und ewige Welt. Sie ist die Welt der Welten, die Heimath der Seele, das unendlich freie, schöne Vaterhaus. Wir verlieren nichts, wenn wir hier sterben, das wir dorten nicht tausendmal besser, schöner und wirklicher wiederfinden. Dorten leuchtet eine Gottessonne für Alle, und die Natur rund umher entfaltet eine Schönheit und Pracht, von der alle Schönheit dieser Welt blos ein matter Abdruck, ein finsteres Nebelbild ist. Dorten ist alles: Die Wiesen grünen, die Quellen sprudeln, die Fische spielen im Wasser, die Bäche fließen murmelnd und lachend dahin, während Vögel in allen möglichen Farben die Luft durchfliegen und auf den Zweigen der Bäume ihre Liedlein singen. Alle Wissenschaften, alle Künste und die herrlichste Musik haben dorten ihre Heimath. Aber, wie gesagt, alles ist aus geistigen Substanzen und ist durchaus geistiger Natur und an sich selbst lebendig. Und jene schöne Gotteswelt, wo unser himmlischer Vater selbst wohnt im göttlichen Strahlenmeere seiner Liebe und Weisheit, — jene Welt ist uns nicht fern. Sie ist uns sehr nahe. Im Gefühlsleben sind wir schon jetzt dorten, und im Gedankenleben bewegen wir uns in ihr umher; aber wir wissen es nicht, wir sind uns dessen nicht bewußt.

Wie Denken und Wollen unserem Leibe nahe sind, so ist jene Welt unserem Geiste nahe. Unbewußt bewegen wir uns dorten, bewußt hienieden im Fleische. Nach dem Tode wird das Verhältniß umgekehrt; dann bewegen wir uns bewußt in jener Welt und stehn unbewußt in Verbindung mit den Seelen, die noch pilgern im Thränenthale hienieden. Wären unsere geistigen Augen offen, wir würden jene Welt sehn und uns wundern über der Menschen große Unwissenheit, und daß uns jene Welt so sehr nahe ist.

Ja, wir leben unbewußt jeden Augenblick in zwei mächtigen Welten zugleich.

Fragst du noch, wo deine abgeschiedenen Lieben sind, wo dein Kind, der Liebling deiner Seele weilt? Blicke im Geiste dorthin, wo sie leben, wo Engel wallen, wo dein Gott selbst ist. Die Verstorbenen leben alle. Ihre Geister zogen die Hüllen des Fleisches ab und sind dort. Sie nahmen mit sich alles, was den Menschen zum Menschen macht: ihren Willen und Verstand, ihr ganzes Ich. Sie ließen nichts zurück, als das, was sie dorten nicht gebrauchen konnten: Kleider von irdischen Stoffen. Und dein Kind, dein liebes Kind, es lebt auch, und es ist glücklich unter solchen unschuldigen Gespielen wie es selbst ist. Die Herrlichkeiten jener Welt entzücken seinen Geist, und seine Unschuld und kindliche Gesinnung wird genährt durch Speise der Weisheit, bis es ausgebildet und ein Engel unter Engeln ist. Je ruhiger und gottergebener du an dasselbe denkst, desto näher kommt es dir; denn „der Gedanke bringt Gegenwart." Die Sphäre deines Kindes und vieler tausend Kinder, die es umgeben, wie auch die Sphäre ihrer Engel wird dich dann berühren, und wie ein sanfter Himmelsthau deine Seele erquicken mit dem bleibenden Troste der göttlichen Wahrheit.

Das Verhältniß der materiellen zur geistigen Welt.

Es ist ein erhabener Gedanke, daß jene und diese Welt so innig mit einander verbunden sind wie die Seele und der Körper des Menschen. Wie der Leib abhängig ist vom Geiste oder der Seele, so ist auch die materielle Welt in ihrer Bewegung, ihren Formen und allem, was sie an Schönheit und die Sinne erfreuenden Dingen enthält, von der geistigen Welt abhängig.

Alle im Weltall waltenden Kräfte sind geistiger Natur und stammen aus der geistigen Welt. Von dorther fließen sie herab und sind die Seele der Natur oder aller belebten materiellen Formen, die uns umgeben. Diese zwei Welten verhalten sich daher zu einander wie Ursache und Wirkung. Wenn wir das Entstehen der Dinge der Natur in ihren ersten Anfängen beobachten, und sehn mit welchem Zauber die Zellen in's Dasein kommen, und wie diese Zellen zu verschiedenen Formen an einander gereiht werden, dann beobachtet der Geist, wie die geistigen und lebendigen Formen jener Welt sich hineinschieben in diese Welt, und wie sie Electricität, Magnetismus, Sonnenwärme und Licht als die zunächst passendsten Uebergänge und Vermittler gebrauchen, um sich zu umspinnen mit dem rohesten Material der Schöpfung. Wirklich sind alle Erscheinungen dieser natürlichen Welt Wirkungen der Absichten und Ursachen jener Welt und ihres Schöpfers. Die Materie hat keine Intelligenz. Sonnenwärme, Sonnenlicht und Electricität bewirken kein Denken. Sie geben keinem Samenkörnchen den Gedanken ein: Du mußt dich so oder so entwickeln und

solche Blätter, Blüthen, Früchte und neuen Samen hervor-
bringen. Sie besitzen keine Intelligenz, kein ordnendes
Denken und Wollen.

Die Natur schafft nichts, sie wird geschaffen. Was sie
in's Dasein ruft, sind geistige Kräfte. Sie selbst macht kein
Leben, das Leben macht sie. Würden die Lebenseinflüsse
der geistigen Welt ausbleiben, so würden die mächtigen
Berge und alle soliden Körper in Staub zerfallen, alles
Wasser würde in Luft und zuletzt die ganze Welt in Gase
aufgelöst werden und endlich vergehn.

• Es gibt in der That nicht ein einziges Ding im Mineral-,
Pflanzen- und Thierreich, das nicht seinen Ursprung von der
geistigen Welt ableitet. Die Sonne mit ihrer Hitze, ihrem
Lichte und anderen über das Gesetz der Schwere erhabenen
Einwirkungen, sammt den Atmosphären, Gewässern und
allen aus der Sonne entstandenen Dingen, sind herausge-
tretene Formen der Urstoffe und Prinzipien, die in der
geistigen Welt existiren. Die Dinge dieser Welt entsprechen
also ihren Urbildern und Ursachen in der geistigen Welt.
Die ganze natürliche Welt ist ein lebendiges Sinnbild jener
weit wirklicheren, vollkommeneren und schöneren Welt, die
**überräumlich und überzeitlich in ihr und
ihre Seele ist.** Aber während diese zwei Welten so innigst
mit einander verbunden sind, müssen wir sorgfältig im Auge
halten, daß sie von einander durchaus verschieden sind. Die
Materie hat nichts mit dem Geiste gemein. Jedes hat seine
eigenen Gesetze, und das eine wirkt auf das andere ein;
aber eben so wenig können sie sich vermengen, wie Gedanken
und Neigungen nicht können chemisch vermengt werden mit
den Fibern des Kopfes, des Gesichtes oder den übrigen Theilen des Körpers.

Verschieden und getrennt zugleich ist kein Uebergang von
der Materie zum Geiste möglich. Beide sind absolut verschieden. Aller Geist der Welt ließe keine solche räumliche
und zeitliche Zusammenziehung zu, um ein Sandkörnchen

Materie zu bilden, und alle Materie, ja alle die zahllosen Sternenwelten vereint würden nicht aus sich einen Gedanken oder ein Gefühl machen lassen. Vom Materiellen zum Geistigen ist kein Uebergang, keine Annäherung, keine Wesensverwandtschaft und keine Fortsetzung wie vom Gröberen zum Feineren möglich.

Obschon nun diese beiden Welten ihrer Wesensbeschaffenheit nach total verschieden sind, indem das Wesen der einen Materie oder todter Stoff, das der anderen lebendige Substanz ist, sind sie doch mit einander entsprechend so innig verbunden, daß sie vor den Augen des Schöpfers wie e i n e Welt erscheinen.

Der Mensch, als erschaffenes vernünftiges Wesen, ist ein Geist, und als solcher ist er der eigentliche Mensch. Auf dem niedrigsten Gebiete der Schöpfung beginnt jeder Geist seine Laufbahn. Bestimmt ewig zu leben, erfordert die göttliche Ordnung, daß er auf der niedrigsten Stufe, d. h. im Endlichen, in's Dasein komme. Es gibt keinen Geist und keinen Engel Gottes im Himmel, der nicht zuvor ein auf Erden geborner Mensch war. Ebenso gibt es keinen bösen Geist, keinen Teufel und keinen Satan, der nicht zuvor auf einer natürlichen Erde als Mensch geboren wurde.

Alle ordnungsmäßige freie Folge des Fortschrittes des Menschen, ob im Guten oder im Bösen, bewegt sich von der natürlichen zur geistigen Welt. Die Himmel mit ihren seligen Engeln und Geistern, und die Höllen mit ihren Teufeln und Satanen, hatten alle, was ihr Leben und ihre Bewohner anbetrifft, einen Anfang auf einer sichtbaren Erde im materiellen Universum.

Für zwei Welten zu leben bestimmt, ist der Mensch mit einer zweifachen Natur ausgerüstet. Die eine macht ihn zum Bewohner der natürlichen, die andere zum Bewohner der geistigen Welt zu einer und derselben Zeit. Und die Bewohner beider Welten stehen in einem sich selbst unbewußten inneren Verkehr und Einflusse auf einander. Gute

Geister werden von unseren guten Gefühlen, Neigungen und Gedanken angezogen und wirken unsichtbar auf uns ein, und böse Geister werden ebenso durch Lüge, Bosheit, Aerger und Unkeuschheit angelockt und wirken ebenfalls unsichtbar ihre Einflüsse auf uns aus. Der Mensch auf Erden steht nun in der Freiheit, sich dem Guten oder Bösen zuzuwenden, und je nachdem er diese Freiheit b e r e i t w i l l i g anwendet, befindet er sich im Geiste zwischen guten oder bösen Geistern, ja mitunter im Himmel oder auch in der Hölle. Er wird dorten bisweilen sogar seinem Geiste nach gesehn. Je nachdem er sich hier eine moralische Richtung gibt, wandert er dorten im Geiste umher und gesellt sich guten oder bösen Geistern zu. Liebt ein Mensch den Herrn und gleichzeitig Gutes und Unschuldiges, und steht er, angeleitet durch Gottes Wort, im Gebetsumgange mit seinem himmlischen Vater, also reine Gedanken und unselbstische Neigungen nährend, dann kann er mit dem Apostel ausrufen: „Unser Wandel ist im Himmel!" Im Geiste ist er dann wirklich mit Engeln verbunden.

Diese Welt ist eigentlich nichts anderes als die Pflanzschule der geistigen Welt. Hier bildet sich der Engel oder der böse Geist aus. Wie er im Fleische seinen Willen freiwillig bog und sich eine charakteristische Vorliebe für das Gute oder Böse aneignete, so bleibt er nach dem Tode. Dann will er nichts anderes sein, als was er hier geworden ist. Sein im Blumenbeet sinnlicher Organe und Triebe ausgebildeter Geist wird durch die Verpflanzung in's Jenseits auch nicht im Mindesten verändert. Er kommt dorten an mit demselben Charakter herrschender Lebenstriebe, den er sich hier aneignete, und in diesem Zustande verbleibt er. Hier kann der Mensch durch freien Selbstzwang seinen in die Organe des Leibes auslaufenden Trieben widerstreben und ihnen eine andere Richtung geben; aber nachdem er den Leib abgelegt hat, w i l l und daher k a n n er das nicht mehr. Er w i l l dann nur das, was er hier hat wollen gelernt, oder was er aus den Neigungen seines Willens freiwillig gemacht hat. Nach dem Tode vereinigt sich deshalb auch jeder Geist mit gleichgesinnten Geistern. Sein innerer Lebenstrieb, den er sich hier aneignete, und welchem zufolge er schon auf Erden mit guten oder bösen Geistern unsichtbar verbunden war, treibt ihn dann zu denselben ihm angenehmen Geistern hin. Demgemäß tritt er in eine Gemeinschaft solcher Seelen, die innigst mit ihm harmoniren, und dann ist sein ewiges Schicksal entschieden.

Das innige Verhältniß, in welchem beide Welten stehn, wie auch die Wahrheit, daß wir uns in beiden fortwährend bewegen und tagtäglich durch unseren Lebenswandel einen herrschenden Charakter aneignen, nach welchem wir einstens ewig bei den Guten oder Bösen zu weilen wünschen w e r d e n, sollte uns alle ernstlich antreiben, diese Zeit der Ausbildung für die Ewigkeit richtig anzuwenden.

Hinsichtlich des Einflusses der Kinder im ewigen Leben, ist es aus bereits vorhin Gesagtem bekannt, daß die Kinder von jener Welt her einen segensreichen Einfluß auf die Menschen dieser Welt ausüben. Die geistige Sphäre der Unschuld, die aus dem Kinderhimmel in die Seelen der Menschen einströmt, hat einen heilsamen Einfluß auf das moralische und geistige Leben. Keine Familie erleidet den Verlust eines Kindes, für den ihr nicht eine nähere Verbindung mit dem Himmel der Kinder und die segensreichsten Einflüsse von daher zutheil werden.

Wir haben jetzt das Verhältniß der geistigen zur natürlichen Welt und ihre innige Verbindung kennen lernen, jetzt lasset uns wieder zurückkommen auf unsere Kinder im Himmel.

Die Auferweckung und der erste Anblick des Jenseits.

Alle Jahre kleidet sich die Erde in frisches Grün und neu erblühen die Blumen auf den Gräbern. Es ist Frühling. Der blaue Himmel und die balsamische Luft wehen uns an mit dem Wohlgefühle des Wiedersehns und Friedens. So feiert die Erde jährlich einmal ihr Auferstehungsfest, und die Seele feiert es mit. Aber des Menschen schönstes Auferstehungsfest kommt noch, nämlich dann, wenn er seinen Leib der Erde übergibt und sich als unsterblicher Geist empor schwingt in die ewige Heimath. Dann tritt der Mensch seinen ewigen Frühling an.

Siehe hier ein anderes Bild der Auferstehung. Täglich sinkt die Sonne in feuriger Pracht, die langsam matter und blasser wird, gleich den Wangen des sterbenden Erdensohnes, hinab in ihr westliches Grab. So stirbt die Königin des Tages, und am hohen Himmelsdome, in weiten und unermeßbaren Räumen, geben ihr die Sterne das letzte Geleite. Der Mond, aus dem Talar schwarzer Wolken blickend, spricht ihr den letzten Segen. „Seufzend streicht der Nachtgeist durch die Luft," und den im Friedhof weilenden Pilger stimmen die stummen Gräber in geheimnißvoller Stille zu der Anrede an sich selbst: Wie die Sonne unterging, wie ich sie mit Wehmuth scheiden sah, so werde ich einstens ausziehn aus dieser Hütte und hinter mir lassen den als Leiche erkalteten Leib, um ebenfalls hinabgesenkt zu werden in das stille, kühle Grab. Dieser Leib, dessen Pulse pochen, dessen Wangen glühn, jetzt noch warm und kräftig, durch dessen Augen ich auf diese Gräber sehe, durch dessen Ohren ich höre das Säuseln in den Trauerweiden,—auch sein Loos ist, wieder zu zerfallen, Erde zu werden und nie mehr zu sein. Wie treffend zeichnet das göttliche Wort unsere Vergänglich=keit in dem Spruche: „Alles Fleisch ist Heu, und alle seine Güte wie eine Blume auf dem Felde. Das Heu verdorret, die Blume verwelket; aber das Wort unseres Gottes bleibt ewiglich." Auch mein Lebenstag eilt schnell dem Ende zu. Viele meiner Freunde, Verwandten und Bekannten haben vor kurzem auf dieser Erde gestanden, und haben gedacht und empfunden, liebten und wurden geliebt, und die Sehn=sucht hat auch sie erfüllt mit demselben Verlangen nach Seelenglück und Frieden, und auch sie haben getrauert an Gräbern und geweint und Trost gesucht wie ich—und sind nicht mehr hienieden. Sie eilten schnell dahin. Hier ist das Grab eines Freundes, in dessen Gesellschaft ich so manche liebe Stunde zubrachte, dorten ruhn die Gebeine eines anderen, dessen zutraulicher Ton der Rede noch immer in meinen Ohren klingt, und mit dem ich so manche glück=liche Augenblicke theilte, und hier—ach, in dieses Grab hin=ab senkte man erst kürzlich den Leib meines Kindes. Aber das Grab ist unerbittlich, keine Klage weckt die Todten auf. Die mir einst so liebe Form kommt nicht wieder. Doch stille, betrübtes Herz. Warum klagst du so? Suchst du dein Kind und deine Freunde unter grinsenden Todten=gerippen? **Diese Gräber sind menschenleer.** Hier ruhen die Kleider der Seelen, modernde Schalen, aber kein lebendiger Geist. Hier ruht was starb, dort lebt, was nie sterben kann. Aufwärts richte den Blick, dorthin, wo die Sonne nie untergeht, und „**wo Gott ist ihr ewiges Licht.**" Dorten sind sie Alle, ja Alle, die hier kämpften den letzten Kampf, in welchem sie sich frei machten von der schweren Last eines kranken fleischlichen Leibes. Dort sind alle diese Seelen längst auferstanden. Willst du sie sehn? Wohl, du wirst sie bald sehn.—Die Sonne steigt im purpurnen Glanze im Osten empor; sie steht am

Morgen auf. Auch die Seele hat einen Auferstehungs=
morgen, einen Osten, in welchem Gott ihr aufgeht als die
Sonne der Gerechtigkeit „mit Heil unter ihren
Flügeln." Untergang und Aufgang der Sonne sind
tagtäglich das Bild von einem fortwährenden Sterben und
Auferstehn der Menschen. Kein Tag vergeht, daß hier
nicht Tausende ihre Augen schließen und Tausende dorten
erwachen. Sie feiern ihren Auferstehungsmorgen im Lichte
der großen Himmelssonne der geistigen Welt. Wie die
Bahn der Sonne eine stets richtige und lichte ist, so sei
unser Lebenslauf.

Von Ost nach West ging deine schöne Bahn,
Du hast vollbracht den großen Tageslauf;
Ich schwanke noch in meines Geistes Kahn,
Doch bald hört auch mein Rudern auf.
Dort gehst du auf, sobald du steigst hinab,
Schön wie du hier erstirbst, erstehst du dort;
Doch eh' du auferstehst, blickst du ins Grab
Und lebst dann neu am neuen Ort.
O, daß auch ich an meines Lebens Grenze
So schön wie du, o Sonne, glänze!
O, daß mein Abschied mag gleich deinem sein!
Muß ich einst durch des dunklen Thales Pforte,
Dann laß mir leuchten, Herr, die Strahlen Deiner Worte,
Dann geh mir auf mit Deinem ew'gen Schein
Und führ' mich leuchtend, strahlend bei Dir ein!

Doch kommen wir auf das Gebiet himmlischer Offen=
barungen. Hier ist's so traulich, hier laß uns reden vom
Auferstehn und Wiedersehn. Laß uns hören, was Sweden=
borg darüber mittheilt aus seinen eigenen Erfahrungen.
Dieser tiefe Denker und grundehrliche Mann, dessen geistiges
Auge die Sterbenden verfolgte und sie dorten auferstehen
sah, war unfähig die Wahrheit zurückzuhalten, unfähig

uns etwas anderes als die Wahrheit allein zu sagen. In diesem friedlichen Haine laß uns denn vernehmen, wie es sich verhält mit dem Erwachen und Eintritt der Seele ins große herrliche Jenseits. Nach des Herzens letzten matten Schlägen, und nachdem die Lunge aufgehört hat zu athmen, fängt die Trennung des Geistes vom erstorbenen Körper an. Der Mensch ist dann noch mit der erkaltenden Hülle in Verbindung. Er schläft dann seinen letzten Schlaf in seinem Erdenhause. Du dachtest vielleicht, daß mit dem Tode des Leibes der Geist plötzlich dorten anlangt. Dem ist nicht so, außer in einzelnen und ausnahmsweisen Fällen. Leute die eines gewaltsamen Todes schnell sterben, kommen fast augenblicklich in jener Welt an. Dieselben wissen oft gar nicht, daß sie dorten sind, sondern wähnen sich noch auf Erden. Doch dieses sind ausnahmsweise Fälle. Bei ruhigem Hinscheiden auf einem Krankenlager bleibt der Geist, welcher der Mensch selbst ist, noch eine kurze Zeit lang im Leibe. Dieses dauert so lange, bis die Herzzuckungen, die aber selten länger als achtundvierzig Stunden nach dem Tode dauern, völlig nachgelassen haben. Nun beginnt die letzte völlige Loslösung der Seele, und dann erwacht der Mensch im Jenseits. In vielen dieser ruhigen Sterbefälle schläft der scheidende Freund mit religiösen Gedanken und frommen Gefühlen ein. Es ist ihm gut, wenn er in diesem Zustande hinübergeht. Mit ihm geht der Trost, daß sein Gott als Leiter mit ihm geht und ihn schützt und tröstet. Er kann dann einschlafen mit dem beruhigenden Bewußtsein: „Der Herr ist mein Hirte, mir wird nichts mangeln. Und ob ich schon wandere im Thale der Todesschatten, ich fürchte kein Unglück, denn Du bist bei mir; Dein Stecken und Stab trösten mich." Vom jenseitigen Ufer ruft ein liebend Vaterherz in jener Stunde allen abscheidenden frommen Seelen zu: „Ich habe dich je und je geliebet, darum habe ich dich aus lauter Barmherzigkeit zu Mir gezogen."

Während nun die Freunde weinend und wehklagend das Sterbebette umstehn, geht in der unsichtbaren Welt eine ganz andere Scene vor sich. Ach leider können unsere armen sinnlichen Augen nicht weiter sehn, als bis zum letzten Kampfe und auf die starre Leiche! Ungestört von dem Klagegeschrei und Jammern der Hinterbliebenen, wachen stets zwei Engel des Himmels bei dem abscheidenden Geiste. Diese himmlischen Wesen bleiben bei ihm den Todesschlaf hindurch bis zum sanften Erwachen. Es sind Engel des himmlischen oder höchsten Himmels, deren Liebe zu den abscheidenden Seelen unendlich zärtlich ist. Es ist ihre höchste Freude, den Neuankommenden behülflich zu sein, sich von dem erstarrten Körper los zu wickeln. Darin leisten sie ihm mit großer Sorgfalt ihre Liebesdienste. In dem ganzen Werke aber stehn sie unter direkter Leitung des Herrn, welcher bei der Auferweckung einer jeden Seele gegenwärtig ist und alles leitet und lenkt. Wenn das Herz völlig stille steht, dann löst sich der geistige Leib schnell vom leichenhaften Körper los und die Auferstehung erfolgt. Solches geschieht dadurch, daß das Entsprechungsverhältniß des geistigen Herzens, durch dessen Neigungen oder geistige Wärme die Seele mit dem blutwarmen natürlichen Herzen verbunden ist, langsam aufhört. Zu gleicher Zeit hören die natürlichen Lungen, welche in einem Entsprechungsverhältniß mit dem Denkvermögen stehn, auf zu athmen, und allmählig öffnen sich die geistigen Lungen zur Aufnahme der geistigen Atmosphäre der geistigen Welt. Damit fängt das geistige Denkvermögen an thätig zu werden, und jetzt naht die Zeit, daß er seine geistigen Augen öffnen und jene Welt sehn darf. Umgeben von einer balsamischen Luft, bemühen sich die Engel ihre Gedanken mit dem Geiste des Erwachenden in Berührung zu bringen, und sobald sie sehn, daß ihre Gedankensprache vernommen wird, wissen sie, daß der Geist des Menschen in dem

Zustande ist, daß er aus dem Körper völlig herausgeführt werden kann. Das ist ein sehr feierlicher Augenblick, und die Engel bemühen sich dabei den Erwachenden in solchen frommen Gefühlen und Gedanken zu erhalten, wie ihn beschäftigten, als er einschlief.

Jetzt folgt die Auferstehung, wobei, wie Swedenborg uns mittheilt, seine Erfahrung die war, daß der Erweckte ein Ansichziehen und gleichsam Herausreißen des Inwendigen des Gemüthes oder Geistes aus dem natürlichen Körper empfindet. Dann naht der Augenblick, daß er zum ersten Male das Licht jener Welt erblicken soll. Bis dahin hat er blos gedacht, aber nichts gesehn. Engel des geistigen Reichs lösen die himmlischen Engel ab, d. h. wenn der Verstorbene von der Art ist, daß er sich von denselben hinwegsehnt, und nun wird ihm der Genuß des Lichtes gegeben. „Es scheint, als ob jene Engel die Haut des linken Auges gegen die Scheidewand der Nase hin aufwickelten, damit das Auge geöffnet und das Sehen gegeben würde." Jetzt wird es vor den Augen des Auferstehenden helle, jedoch noch dunkel, wie wenn man nach einem festen Schlafe beim Erwachen durch die Augenwimpern blickt. Hierauf fühlt man, als ob vom Angesichte etwas sanft ausgewickelt würde. Jetzt kommt der Geist in die dem Geiste eigenthümliche Art des geistigen Denkens, und dabei suchen die Engel mit großer Sorgfalt zu bewirken, daß von dem Auferweckten keine andere als liebevolle Ideen und Vorstellungen ausgehn. Nun sind die Augen völlig geöffnet, und das Erste, was er erspäht, sind die Antlitze der Engel, deren freundlicher und sanfter Blick ihn sogleich furchtlos und vertrauensvoll gestimmt machen. Die meisten Erwachenden wissen nicht wo sie sind. Ihnen geht es dann wie die Schrift sagt: „Wenn der Herr die Gefangenen Zions erlösen wird, so werden wir sein wie die Träumenden." Da denkt denn der Geist bei sich selbst: Wo bin ich denn eigentlich? Träume ich, oder bin ich wach? Dann sagen ihm die Engel: „Du bist ein Geist und bist hier in der geistigen Welt."

Wie erstaunt da Viele sein müssen, namentlich solche Geister, welche im Fleische das selbstbewußte Fortleben der Seele nach dem Tode bezweifelten, oder wissenschaftlich bestritten, kann man sich denken. Besonders erstaunen sie darüber, daß sie die menschliche Gestalt und alle Sinne und geistigen Vermögen haben, wie sie solche hatten, da sie noch vom Fleische umwickelt in der materiellen Welt lebten. Nachher wundern sie sich, daß die Menschen auf Erden über diesen wichtigen Punkt so unwissend sind, und daß sich diejenigen Leute für die aufgeklärtesten hielten, die am erfolgreichsten diese unendlich wichtige Wahrheit bestritten. Swedenborg sprach mit drei auferstandenen Menschen am dritten Tage nach ihrem Hinscheiden, und als er ihnen sagte, wie Leute gewöhnlich sprechen, daß man sie begrabe, erstaunten sie und riefen aus: „Wir leben ja! die Leute mögen das begraben, was uns in der Welt gedient hat!" Nachher wunderten sie sich, daß sie, so lange sie im Körper lebten, nicht an ein solches Leben nach dem Tode geglaubt hatten. Besonders aber wunderten sie sich darüber, daß innerhalb der Kirche bei Predigern und Laien über diese Sache eine so große Unwissenheit und so viel Unglauben herrsche. Swedenborg sagt: „Die, welche in der Welt an gar kein Leben der Seele nach dem Tode des Körpers geglaubt hatten, sind, wenn sie bemerken, daß sie leben, sehr beschämt. Allein Diejenigen, die sich hierin bestärkt hatten, werden zu Gleichen gesellt und von denen, die im Glauben waren, getrennt. Meistens werden solche an eine höllische Gesellschaft gekettet, weil Solche ebenfalls die Gottheit geläugnet und die Wahrheit der Kirche verachtet hatten; denn inwieweit Jemand sich wider das ewige Leben seiner Seele bestärkt, insoweit bestärkt er sich auch wider die Dinge des Himmels und der Kirche."

Nun, mein Freund, der du weilest am Grabe eines geliebten Kindes, warum trauerst und weinest du? Höre die Winde lispeln es dir zu, daß der Schöpfer des Weltalls, dein Gott und deiner Seele Erlöser, die Auferstehung und das Leben ist, und daß die Verstorbenen „le= ben ihm alle." Dein Kind lebt. Es ist längst auferstanden.

Du fragst: Wie bald nach dem Tode war es dorten? Dauert es bei Kinder auch bis zum dritten Tage, ehe sie im Himmel erwachen? Nein; Kinder, namentlich Säuglinge, kommen dorten schneller und viele sogleich an. Das kleine Herz steht still, noch einmal athmet die Brust und dann, nach kurzer Pause, umarmt es eine Engelmutter und nimmt es mit sich in ihre schöne Heimath.

Alle Kinder werden gleich nach ihrem Hingange auferweckt, in den Himmel erhoben und Engeln übergeben, die aus dem weiblichen Geschlechte sind. Diese weiblichen Engel waren einstens fromme Seelen auf Erden. Damals liebten sie die Kinder mit sehr zärtlicher Liebe und diese Liebe nahmen sie mit sich als sie starben. Nachdem sie dorten erst selbst eine himmlische Erziehung genossen und sich im Guten und Wahren ausgebildet hatten, kam ihre Kindesliebe wieder hervor, aber verklärter und mit größerer Weisheit gepaart. Die Aufnahme und Erziehung neuankommender Kindlein aus dieser Welt bildet jetzt ihre beseligende Nutzthätigkeit. Diese Engelmütter brennen voll zärtlicher Liebe zu den Kindern, und eine jede derselben erhält gerade so viele junge Ankömmlinge, wie sie aus geistiger Mutterliebe zu haben verlangt.

Ach, könntest du nur sehn, wie glücklich dein kleiner Liebling ist, schnell würdest du deine Thränen trocknen und sagen: Jetzt bin ich zufrieden, denn ich weiß wo es ist. Ich will es in seiner Freude nicht stören und in diese Welt zurückholen; laß es dorten bleiben. — Wohl, dem ist so, dem ist wahrhaftig so! Trockne denn deine Thränen.

Bleiben unsere Kinder dorten immer Kinder?

Wenn der holde Frühling kommt, sieht man viele Eltern hinaus auf den Kirchhof gehen, um Blumen auf die Gräber zu pflanzen. Dort erinnert sich dann die Mutter wieder der Gesichtszüge und der ganzen äußeren Form ihres Lieblings. Dem Vater und den Geschwistern geht es eben so. Das heimgegangene Kindchen steht ihnen noch so gestaltet vor Augen, wie es war, als sie es zum letzten Male sahn. Sie denken nicht daran, daß es auch im ewigen Leben einen Fortschritt gibt. Die schönen Blumen sind vergängliche Kinder der Natur; sie wachsen und verblühn; aber unsere Kinder sind Himmelsblumen, die der göttliche Heiland von der Erde in den Himmel versetzte, um dorten aufzuwachsen und ewig fortzublühn.

Die meisten Leute meinen, daß die Kinder in jenem Leben ewig Kinder bleiben, und wenn sie einmal dorthin kommen, werden sie dieselben gerade so antreffen, wie sie aussahn kurz vor dem Tode. Andere sind der Meinung, daß alle Kinder nach dem Tode gleich erwachsen und vollkommen ausgebildete Menschen, und wieder andere, daß sie sogleich weise Geister oder Engel sind.

Ein ähnlicher Irrthum herrscht unter den Christen in Betreff der abgeschiedenen Erwachsenen. Man meint, daß dieselben, nachdem sie dort ankamen, auch sogleich mit aller Weisheit bekleidet und gewissermaßen allwissend geworden seien. Sie meinen, das Erste was sie dort sehen werden, wird Gott selbst sein, und nachdem sie denselben betrachtet haben, sind sie im Himmel mit aller Weisheit und der höchsten Wonne erfüllt und Gott ähnlich geworden.

Aber das sind leere Phantasiegebilde. Die andere Welt ist eine nüchterne und reale Welt. Der Mensch ist dorten ein wirklicher Mensch, und Gott ist und bleibt, wie überall, so auch dorten ein Gott der Ordnung. Nach dem Tode ist der Mensch in einem geistigen Leibe mit derselben Gesinnung und Befähigung Mensch, wie er es war ehe er das Zeitliche segnete. Der Tod des Leibes macht keinen Menschen weiser, verhilft ihm auch nicht plötzlich zu höherem Wissen, gibt ihm keine größere Macht und macht ihn durchaus nicht allwissend. So unwissend oder wissenschaftlich ausgestattet, wie er die Erde verläßt, und so gut oder böse, wie er dann ist, kommt er dorten an.

Es ist in der That so, daß der Mensch nach dem Tode nicht viel mehr weiß, als er wußte, da er diese Welt verließ, außer daß er sich bewußt ist in der Geisterwelt zu sein. Manche wissen auch das nicht gleich. Es gibt z. B. in dem Geisterreiche oder Hades fortwährend Geister, die dorten gerade so ungläubig sind, wie sie es waren als sie auf Erden lebten. Der Mensch kommt dorten gerade so an, wie er die Erde verließ. Der Tod des Leibes ändert gar nichts an seinem Geiste, außer daß seine Sinne und sein Verstandesvermögen schärfer sind.

In Betreff der Kinder verhält es sich so, daß alle Kinder, welche hier sterben, dorten als Kinder auferstehn. Sie kommen dorten an in einem geistigen Leibe, der an Form und Gestalt kindlich und ihrem unausgebildeten kindlichen Geiste völlig entsprechend ist. Sie haben dasselbe kindliche und herzliche Gemüth. Voller Zartheit in Allem, bringen sie mit sich ihre ganze Unschuld und auch ihre Unwissenheit. Sie sind die gleichen Kinder dorten, die sie hier waren. Auch sind sie keine Engel, sondern blos mit der Anlage versehn, zu Engeln ausgebildet zu werden, und sie werden auch alle Engel. Wenn eine gute Mutter, die den Herrn lieb hatte, gleich nach dem Tode ihres Kindes stirbt, so findet sie ihr Kind dorten gerade so wieder, wie es die Erde verließ. Ihr Liebling wird ihr auch nicht genommen, aber da sie selbst der Erziehung bedarf, so bewirkt der Herr, daß ihre Kindesliebe sich gestaltet in Liebe zu Ihm, und dann überläßt sie ihr Kind gerne der Erziehung des Herrn unter einer Engelmutter, die es besser zu erziehen vermag als sie. Mitunter werden Mütter auch Engelmütter für ihre vorausgegangenen und nachfolgenden Kinder. Manches liebe Kind, das hier als Waise zurückblieb und bald darauf starb, wurde dorten von der Mutter, oder vom Vater, und mitunter von beiden, jubelnd in Empfang genommen. Swedenborg erzählt uns, daß er dorten ganze Familien antraf, die, weil sie zu einander paßten, auch zusammen blieben.

Wenn die Kinder in jenem Leben aufwachsen, so entfernen sie sich allmählig von ihren Engelmüttern. Ihre Liebe wird dann auf den Herrn übertragen, worauf sie keinen anderen Vater anerkennen, als Ihn allein. Darauf kommen sie in Zustände zu einander, in welchen sie sich lieben wie Brüder und Schwestern. Stets sehnen sich alle von einander fort nach Seelen, die noch inniger zu ihnen passen, als sie unter sich, und somit geht Jeder zuletzt zu einer solchen Gesellschaft, wohin seine Geistesrichtung, seine Talente, sein Genie und sein Hang ihn hinziehn. Dort bleibt jeder in Ewigkeit. In dieser Weise werden alle guten Seelen gleichartig in Gesellschaften und Kreise eingetheilt. Es ist das so natürlich und für alle so angenehm und beglückend, daß eine Idee von Trennungsschmerz dabei gar nicht vorkommen kann. Außerdem können alle einander so oft sehn, wie sie wollen. Eltern, die mit zärtlicher Liebe an ihre Kinder in jener Welt denken, erwarten sie dorten mit vieler Freude wieder an ihr Herz zu drücken. Zuerst ist dieses Verlangen sehr groß, aber nachdem einige Jahre vergangen sind, wird es matter, und zuletzt erstirbt es gänzlich. Die Welt erklärt dieses Erkalten der Gefühle der Eltern dadurch, daß sie sagt: „die Zeit macht alles gut;

sie heilet jede Wunde." Aber das erklärt die Sache gar nicht. Es ist nicht die Zeit, die den Zustand, sondern der Zustand, der die Zeit beherrscht und verändert. Der Grund davon ist der, daß die Ursache unserer Sehnsucht und Liebe ihre Einwirkung auf uns verändert. Unsere Kinder sind uns nach dem Tode im Geiste fortwährend nahe; denn das seelische Band der Liebe, das uns an sie und sie an uns bindet, wird nie gänzlich vernichtet. Es ist ein geistiges Band, das der Tod nicht lösen kann. Verändert, aber nie vernichtet wird es. Nachdem jedoch unsere Kinder dorten aufwachsen, und nachdem ihr Geist entwickelt und ausgebildet wird, entsteht eine Verschiedenheit zwischen ihrem wirklichen Lebenszustande und unserer Idee, die wir von ihnen hegen. Wir sehen sie immer noch als kleine Kinder, aber sie sind dorten das längst nicht mehr. Durch diese Ungleichheit wird das Gedankenleben beider ein anderes, und damit tritt das langsame gegenseitige Entschwinden ein. Nach einigen Monaten schon sind daher die Gefühle nicht so sehr angeregt, als sie es wenige Tage nach der Beerdigung waren. Eben deshalb kommt diese Veränderung, weil ein Zustands-Wechsel mit dem Kinde selbst vorgeht. Würde dem nicht so sein, so würden wir fort und fort weinen und wehklagen, und unser Schmerzgefühl würde noch intensiver und schrecklicher werden je länger es dauerte. Die Zeit macht wirklich nichts gut, sondern die Zustandsveränderung des Kindes, wodurch zugleich eine Veränderung in den Gefühlen und Gedanken der Eltern eintritt.

Der Tod verändert auch durchaus nichts am Grundcharakter des Menschen, noch vernichtet er den geschlechtlichen Unterschied, weil solcher nicht vornehmlich in der äußeren Form und Gestalt, sondern im Geiste liegt. Nach dem Tode lebt jeder Mensch in dem Seelenzustande fort, in welchem er die irdische Welt verließ. Der Säugling kommt dorten an als Säugling, der Knabe als Knabe, das Mädchen als Mädchen, der Mann als Mann, die Frau als Frau. Wenn der abgeschiedene Geist eine Zeit lang in der Geisterwelt gewesen und nach den Gesetzen jener Welt fortgelebt hat, geht langsam mit ihm eine Veränderung vor. Der Zustand eines Jeden verändert sich dann grund einer dem Geiste entsprechenden naturmäßigen Entwicklung, und gemäß den Gesetzen der geistigen Welt. Die Kinder haben dabei viel vor den Erwachsenen voraus. Weil das Böse bei ihnen keine Wurzel gefaßt hat, was durch einen bösen Lebenswandel geschieht, so kommen sie dorten in dem zärtlichsten Zustande der Unschuld an. Ihre Seelen sind darum so beschaffen, daß sie für das Gute empfänglich und willig, gehorsam und liebreich gesinnt sind. In Folge dieses Zustandes der Unschuld kann allen Kindern im anderen Leben das Himmlische leicht eingepflanzt werden. Die Unschuld ist wirklich und wesentlich das Aufnahmsgefäß der Liebe zum Guten und zur Wahrheit. Da bewähret sich dann auch in jener Welt das Wort des Dichters:

"Was kein Verstand der Verständigen sieht,
Das übet in Einfalt ein kindlich Gemüth."

Unsere Kinder bleiben dorten also nicht Kinder, sondern sie entwickeln sich zu guten und weisen Menschen, d. h. zu Engeln, die ihre Stellung, gemäß ihren Geistesanlagen, wirklich unter den Engeln einnehmen. Mit dem Tode eines jeden Kindes wird also ein Engel für den Himmel geboren.

Ueber Wachsthum und Nahrung in der ewigen Welt.

Alles was lebt bedarf der Nahrung und Pflege, um nicht aufzuhören. Der Geist wie der Leib ist dieser Nothwendigkeit unterworfen. Das Fortbestehn der Welt ist ein währendes Neuentstehn, Neugestalten, eine Fortsetzung der Schöpfung. Der Leib ohne Nahrung stirbt; mit schlechter Nahrung versehn wird er siech, krank und elend. Der Geist bedarf geistiger Speise. Der Kopf muß Wahrheit, das Herz Liebe zur Stärkung haben. Ohne sie verdummt der Verstand, und der Wille wird kraftlos. Irrthum, Aberglaube, Rohheit und Selbstsucht machen den Geist elend und krank. Die Seele sowohl wie der Leib bedürfen also der Pflege, und je besser dieselbe ist, um so gesunder und kräftiger werden beide sein.

Alle lebendigen Dinge entwickeln sich zu einer gewissen äußeren Form und Gestalt, in welcher sie ihre normale Größe, ihre Mannbarkeit und nützliche Bestimmung erreichen. Der Geist wächst und entwickelt sich eben so sehr wie der Leib. Wenn der Geistmensch seinen Höhepunkt erreicht hat, wird er durch Entwicklung zu höherer Vollkommenheit fortwährend umgestaltet, wobei jedoch ein gewisser ihm allein eigenthümlicher Grundzug unverwischlich bleibt. Nach dem Tode geht dieser Prozeß der Entwicklung ewig fort. Das einfließende Leben vom Herrn ordnet die Substanzen des Geistleibes stets nach der inneren freien Aufnahme und selbstständigen Verarbeitung des Gemüthes. Demgemäß hat jeder Engel seine eigene oder eigenthümliche Gestalt und Schönheit, und darin übertrifft einer den anderen, wie, nach apostolischem Ausdruck, „ein Stern den anderen übertrifft an der Klarheit." Es findet indessen in allen Himmel und in jedem Engelkreise eine gewisse Aehnlichkeit unter einander statt, wie auch auf Erden die menschliche Gestalt überall dieselbe ist und alle Menschengesichter einander ähnlich und doch wiederum alle etwas von einander verschieden sind.

Säuglinge und Kinder, welche in die andere Welt verpflanzt werden, kommen dorten an innerem Wesen und äußerer Form und Gestalt als Säuglinge und Kinder an, und dann entwickeln sie sich und wachsen auf, wie sie im natürlichen Leibe auf Erden würden aufgewachsen sein, bis sie Jünglinge und Jungfrauen sind. Ueber die Form des jungen Mannes und der Jungfrau hinaus entwickelt sich droben keiner. Greise und Greisinnen, welche alle in der Geisterwelt als solche ankommen, kehren wieder zum Frühlinge ihres Lebens zurück und bleiben ewig jung. Der Geist kann nicht altern; die Hinfälligkeit des Alters klebt der Materie allein an. Was hiervon bei dem dort ankommenden Geiste anfangs erscheint, legt er ab. Ueber kurz ist seine Jugendlichkeit völlig entwickelt, und der altersschwache Greis und die zitternde Matrone strahlen wieder im vollen Glanze jugendlicher Schönheit und Kraft.

Unsere Kinder können im anderen Leben so wenig fortfahren kleine unerwachsene Geister zu bleiben, wie sie, wären sie auf Erden geblieben, auch nicht immer hätten kleine Menschen bleiben können. Die Gesellschaft, in der sie sich dorten befinden, besteht aus guten und höchst weisen Geistern, deren Gedanken ihnen mitgetheilt und durch welche sie fortgebildet werden. Da man zwischen geistiger Entwicklung und äußerlichem Wachsen unterscheidet, es in der andern Welt aber nicht Zeit und Raum gibt wie in dieser Welt, so fragst du: Wie kann ein geistiger Leib wachsen? Wohl, laß uns sehn.

Der natürliche Leib lebt von natürlicher, der geistige Leib

von geistiger Speise. Da beide aus verschiedenen Substanzen bestehen, so müssen sie auch von verschiedenen Substanzen genährt werden. Der Herr lehrte diese Wahrheit in den Worten: „Der Mensch lebet nicht vom Brod allein, sondern von einem jeglichen Wort, das durch den Mund Gottes gehet."

Geistige Nahrung besteht aus unendlich vielfältigen Gedanken und Neigungen, oder aus verschiedenen Arten von Liebe und Wahrheit. Für jede Art von Liebe und Wahrheit gehört ein eigenes Bedürfniß, ein besonderer Hunger und Durst und ein besonderes Verlangen. Die Seele und ihr äußerer Ueberwurf, genannt der geistige Leib, können allein durch geistige Substanzen oder Liebe und Wahrheit genährt werden. Dieselben sind wirkliche Substanzen, und viel wirklicher als Brod, Fleisch, Fische und Gemüse, die den materiellen Leib nähren. Wie es für die Geister sehr absurd klingen würde, wenn man ihren geistigen Leibern natürliche Speisen anbieten würde, so würde es den Geistern der Menschen auf Erden ebenso absurd erscheinen, wenn man den Hunger ihres natürlichen Leibes mit Liebe und Wahrheit stillen wollte. In der himmlischen Welt erscheinen allerhand äußerlich geistige Formen, welche den Neigungen und Gedanken der Seelen der Engel und Geister entsprechen; ja, man kann sagen, daß dieselben Neigungen verkörpert in geistigen Substanzen sind. Es erscheinen daher wirklich auch äußerliche Speisen; aber dieselben sind durchaus geistiger Natur; sie sind göttliche Neigungen und Gedanken, umsponnen von Substanzen der geistigen Atmosphäre. Die Geister und Engel essen solche zu Formen gestalteten Ausflüsse der Liebe aus „Gottes Munde", d. h. sie nähren sich mit Liebe und Weisheit oder dem geistigen Leben, das ihnen Gott in solchen Formen mittheilt.

Wie diese geistigen Speisen der Seligen äußerlich schön und lieblich sind, so sind sie auch köstlich und unendlich nahrhaft für das Gemüth und den geistigen Leib. Es sollte Niemand wundern, daß dorten auch geistige Nahrung in schönen geistigen Formen erscheint, zumal wenn man bedenkt, daß die Speisen jener Welt zweifacher Art sind. Erstens sind sie Speisen für das Gemüth, und zweitens Speisen für den geistigen Leib. Wie Wille und Verstand hier durch Mittheilungen von Liebe und Wahrheit genährt werden, so werden sie dorten ebenfalls durch solche genährt und erhalten. Die göttliche Liebe und Weisheit umhüllen sich aber auch dorten in einem niederen Grade mit geistigen Substanzen aus der geistigen Atmosphäre und erscheinen als Speisen, die den Neigungen und Gedanken der Engel und Geister entsprechen, und die sie genießen zur Nahrung und Erhaltung ihrer geistigen Leiber. Alle Speisen in jener Welt sind daher durchaus „geistigen Ursprungs und werden vom Herrn aus dem Himmel Allen nach Beschaffenheit des Nutzens gegeben, den sie schaffen." (Siehe Enth. Offenb. 153. W. Chr. Rel. 281. Himml. Geh. 680, 681. 5293.) Es gibt deshalb dorten geistige Früchte und allerhand herrliche geistige Speisen und Getränke, welche das Gemüth und den geistigen Leib laben und nähren. Dort essen Engel „Engelbrod," das Manna des Himmels. Sollte dasselbe auf Erden oder in die letzte Sphäre der Schöpfung herabsteigen und sich umkleiden mit materiellen Stoffen, so würde es solches Manna sein, wie die Israeliten in der Wüste aufsammelten und aßen. Jenes „Engelbrod" war daher auch von symbolischer Bedeutung, bezeichnend den Ursprung seines Entstehens und den Genuß desselben, nämlich die Liebe Gottes, welche ist das wahre Brod des Lebens. Darum sagte der Herr: „Ich bin das Brod des Lebens. Euere Väter haben Manna gegessen in der Wüste und sind gestorben. Dies ist das Brod, das vom Himmel kommt, auf daß, wer davon isset, nicht sterbe. Ich bin das lebendige Brod vom Himmel gekommen. Wer von diesem Brode essen wird, der wird leben in Ewigkeit. Dies ist das

Brod, das vom Himmel gekommen ist, nicht wie euere Väter haben Manna gegessen, und sind gestorben. Wer dies Brod isset, der wird leben in Ewigkeit."

Der Geist des Menschen empfängt, verdaut und assimilirt geistige Speise, indem er sie zuerst in sein Gedächtniß aufnimmt, darüber nachdenkt und sie seinem Leben dadurch einverleibt, daß er ihr gemäß lebt. Alle Wahrheit und Güte wird so weit Lebensspeise und Eigenthum der Seele, wie der Mensch seinen Verstand und sein Herz darnach gestaltet. Was der Mensch blos ins Gedächtniß und nicht auch in sein Leben aufnimmt, das bleibt unverdautes Wissen und „bläht auf," wie der Apostel sagt. Was wir aber in unser Leben aufnehmen, das wird ein Theil unserer geistigen Natur, der gemäß wir zu denken, wollen und handeln durch Impulse angeregt und angetrieben werden. Auf diese Weise wird alle Herzensgüte Fleisch und alle Wahrheit Blut unseres geistigen Leibes. Nachdem wir also Liebe und Wahrheit vom Herrn aufnehmen und uns aneignen, essen wir Sein Fleisch und trinken Sein Blut, und haben in uns mit denselben das unvergängliche Kleinod—das ewige Leben. „Wer da isset Mein Fleisch, und trinket Mein Blut, der hat das ewige Leben, und Ich werde ihn auferwecken am jüngsten Tage." Ja, in solchem Genusse der Liebe und Wahrheit Gottes genießen wir Ihn selbst und eignen uns Seine Natur an. Daher Er auch sagte: „Wer Mich isset, derselbe wird auch leben um Meinetwillen." Geht Seine Liebe ein in unser Herz, dann genießen wir Seine Gegenwart und haben durch den Besitz dieser Liebe das ewige Leben; denn die Liebe ist das Leben.

Im Himmel gibt es daher auch geistige Gastmahle, deren Freudengenüsse alles übertreffen, was der seligste Geist jemals auf Erden genoß. Dorten trinkt der Herr Selbst mit Seinen Jüngern auf's Neue vom Gewächs des geistigen Weinstocks, wie Er ausdrücklich verhieß: „Ich werde von nun an nicht mehr von diesem Gewächse des Weinstocks trinken, bis an den Tag, da Ich es neu trinken werde mit euch in Meines Vaters Reich."

Alle Kinder im Himmel werden mit geistiger Speise genährt, und nachdem sie an innerer Güte und Weisheit erstarken, wachsen sie auf und entwickeln sich an äußerer Gestalt und Schönheit, bis sie Engeljünglinge und Engeljungfrauen sind.

Ein Kind wird im Himmel mit geistiger Speise in jeder Hinsicht gesättigt, besonders aber geschieht dies dadurch, daß es die Engelmutter über geistige Dinge unterrichtet und es mit himmlischer Liebe zu der ihm mitgetheilten Wahrheit erfüllt. Alle Engel und Geister bedürfen solcher geistigen Nahrung, und Himmel und Erde müssen deshalb ewig vereint beten: „Gib uns heute unser täglich Brod."

Kinder werden im anderen Leben keine erzeugt. Weder Seelen noch geistige Leiber können dort ins Dasein gefördert werden. Seele und Leib werden im Untersten der Schöpfung gleichzeitig ins Leben gerufen. Im Tode wirft der geistige Leib den natürlichen von sich ab, und der Mensch selbst steht alsdann da in seiner schönen geistigen Form. Er ist dann entweder Mann, oder Weib — als vollkommener Geistmensch. Doch darauf komme ich im nächsten Kapitel zu sprechen.

Unsere Kinder langen dorten an als Knaben und Mädchen. Je nach dem Alter, in welchem sie starben, haben sie schöne geistige Leiber, und in und mit diesen entwickeln sie sich, bis sie Engeljünglinge und Engeljungfrauen geworden sind.

Geschlechter und Ehen in der ewigen Welt.

Du sitzest am Grabe deines Gatten und euerer Kinder, und von Sehnsucht nach ihnen ergriffen, fragst du dich: „Werde ich die Geliebten dorten wirklich wieder erkennen? Sie werden doch dieselben sein? Ist mein Gatte dorten Mann und werde ich dorten Weib sein, oder werden die Geschlechtsunterschiede aufgehoben und das Charakteristische derselben, das sich bedingt und in reiner Liebe gegenseitig anzieht und verbindet, vernichtet werden? Wenn so, dann hört ja die Identität auf, und ich werde weder die Meinen noch mich selbst dorten wiederfinden und kennen. Liegt nicht das Geschlecht im Geiste, und würde ich nicht durch eine solche Veränderung den größten Theil meines Ichs einbüßen?"

Die Geschlechtsunterschiede hören dort nicht auf. Ein altes Lied drückt diese Wahrheit also aus:

> „Und es naht die große Stunde,
> Die euch zu den Lieben bringt,
> Wo ihr, in der Engel Bunde,
> Einst das Lied des Lammes singt.
> Dann seht ihr die Schwestern, Brüder,
> Gatten, Eltern, Kinder wieder.
> Nach der Trennung letztem Schmerz
> Sinkt ihr an ihr liebend Herz."

Fragen wir zunächst das Wort Gottes darüber, so wird uns die Antwort, daß die Engel in demselben angeführt werden als „Jünglinge in weißen Kleidern" und auch als „Männer". Gibt es dorten Männer, so muß es auch Frauen geben; denn das weibliche Geschlecht wird sicherlich nicht in's männliche verwandelt werden. Die Geschlechter sind ewig. Dorten sind Jünglinge und Jungfrauen, die den Herrn loben und preisen und unter einander in glückseliger Gesellschaft vereint die heiligsten Nutzthätigkeiten verrichten. Mann und Weib, wie sie hier starben, stehn dorten als Mann und Weib auf. Du fragst aber weiter: „Wie verhält es sich aber mit den Ehen in jenem Leben? Gibt es dorten auch Ehen? Können innig sich liebende Ehegatten droben wieder vereint werden und ewig beisammen bleiben?"

Wenn die Geschlechter fortbestehn, warum sollten denn keine Ehen sein? Sind die Geschlechter nicht für einander geschaffen? Besteht die Ehe doch hauptsächlich und vornehmlich in der innigsten Verbindung zweier Seelen durch jene heilige Liebe, auf die der Herr Selbst hinweist als das Bild der Verbindung zwischen Ihm und der Kirche — Sein Weib. Ueber Ehen im Himmel schweigt die Schrift. Die einzige Stelle, welche darauf hindeutet, aber öfters sehr verkehrt angewandt wird, und fast immer nur um das eheliche Leben im Himmel zu bestreiten, ist die: „Denn in der Auferstehung heirathen sie nicht, noch werden sie verheirathet, sondern sind wie die Engel [Gottes] im Himmel." 2. Matth. 22, 30. Diese Worte sind ein Theil der Antwort des Herrn an die Saducäer, die an gar keine Auferstehung glaubten und welche den Herrn für einen Pharisäer hielten. Da nun die Pharisäer an die Auferstehung des Fleisches oder des materiellen Körpers glaubten, so gedachten diese Saducäer den Herrn in große Verlegenheit zu setzen mit der Frage, ob ein Weib in der Auferstehung sieben Ehemänner haben würde; „denn sie hatten sie alle gehabt?" Darauf antwortet Er ihnen, daß sie nach dieser Pharisäerlehre gar nichts von der Auferstehung wußten, weil sie ein großer Irrthum war. „Ihr gehet irre [faselt], weil ihr weder die Schrift wisset, noch die Kraft Gottes." Dann sagt Er ihnen, daß alle Menschen, die gestorben waren, längst im anderen Leben auferstanden seien und folglich gleich nach dem Tode auferstehn. „Was aber die Auferstehung der

Todten betrifft: „Habt ihr nicht gelesen den Spruch, der für euch ist von Gott, da Er sagt: Ich bin der Gott Abrahams, und der Gott Isaaks, und der Gott Jakobs. (2. Mos. 3, 6). Nicht ist Gott ein Gott der Todten, sondern der Lebendigen." Und bei Lukas (Kap. 20, 38.) findet sich noch der Zusatz: „Denn sie leben Ihm Alle." Hier sagt der Herr, daß 1. die Pharisäerlehre von der Auferstehung des Fleisches falsch oder ein Gefasel sei; 2. daß alle Verstorbenen auferstanden seien und vor Gott leben; 3. daß in oder während der Auferstehung keine Heirathen stattfinden, und 4. daß alle Auferstandenen den Engeln gleich, d. h. Geister seien, also nicht materielle Leiber haben. Er sagt aber nicht, daß im Himmel keine Ehen seien, oder daß nach der Auferstehung keine geistigen Verbindungen der Geschlechter stattfinden.

Hören wir jetzt, wie die Neue Kirche, nach der ihr gewordenen Offenbarung, diese Frage löst.

Die Seele des Menschen ist ihrem Wesen und Charakter nach entweder männlichen oder weiblichen Geschlechtes, und der Leib entspricht in seiner Form der männlichen oder weiblichen Seele. Die äußere Form des Leibes ist also ein entsprechender Abdruck des Wesens des Geistes. Der geistige Leib, den wir nach dem Tode haben, ist, wie die Seele, männlich oder weiblich. Der Mann ist dorten Mann, das Weib Weib. Zerstörung der Geschlechter würde wirklich Zerstörung des Selbstbewußtseins und der Identität zur Folge haben. Jeder bringt sich selbst in jene Welt mit, und Jeder lebt daher dorten sein eigenes Leben. Der Unterschied der Geschlechter hört in Ewigkeit nicht auf. Geistig und organisch sind beide Geschlechter verschieden, aber so passend für einander geschaffen, daß sie, im Geiste zu heiliger Ehe geeinigt, einen vollständigen Menschen ausmachen. Sie sind zwei zu einander gehörige Wesen, die einander bedingen und in einander aufgehn. Die Weisheit des Mannes lebt in der Liebe des Weibes, und die Liebe des Weibes in der Weisheit des Mannes. Alle Ehen im Himmel sind **deshalb** von dem allerinnigsten Wonnegefühl und der höchsten Glückseligkeit der Liebe und Weisheit gekrönt, weil sie geistig, himmlisch, göttlich und ewig sind.

Dieser Wahrheit steht also durchaus nicht entgegen der bereits angeführte Ausspruch des Herrn Matth. 22, 30: „In der Auferstehung werden sie weder heirathen, noch sich heirathen lassen." Die Auferstehung erfolgt gleich nach dem Tode, worauf der Geist zunächst in's Gericht kommt; „denn es ist dem Menschen gesetzt, einmal zu sterben, und darnach das Gericht." Wer wird denn auch **während der Auferstehung** [en gar te anastasei] an's Heirathen denken! Allerdings werden und können sie dann nicht heirathen noch zur Heirath vergeben werden. Gleich den Engeln des Himmels sind sie dann Geister, die los und ledig sind der fleischlichen Bande und befreit von solchem niedrigen Gesetze, wie das, welches sechs Männer nach einander zwang die Wittwe ihres Bruders zu heirathen. Diesen fleischlich gesinnten Saducäern gegenüber, die den Herrn blos versuchten, übrigens an gar keine Auferstehung glaubten, und welche wähnten, der Herr glaube an die falsche Lehre der Auferstehung des Fleisches, wie sie die Pharisäer lehrten, konnte er gar keine treffendere Antwort geben.

Aber auch noch in einem höheren Sinne gibt es in oder während der Auferstehung kein Freien und Heirathen.

Der Herr ist der Bräutigam der Seelen, die Kirche ist sein Weib, und jede geistig lebendige Seele in ihr gehört zu den klugen Jungfrauen, die dem Bräutigam durch das „Thal der Todesschatten" mit der Glaubens-Lampe geschmückt entgegen gehn. Wer sich da nicht vor dem Kommen des Bräutigams, d. h. vor seinem Tode mit dem Herrn vermählt hat, der wird dann zu spät erfahren müssen die Wahrheit: „In der Auferstehung

werden sie weder freien, (heirathen) noch sich freien las=
sen." Kein unwiedergeborner Geist läßt sich nach dem
Tode für den Herrn freien, noch wird dann der Ver=
such gemacht werden, sie für Ihn zu werben.

Es ist daher in jeder Hinsicht wahr, daß in der Auf=
erstehung keine Ehebündnisse mehr geschlossen werden.
Aber das sagt durchaus nicht, daß nach der Aufersteh=
ung keine den Mann und das Weib aneinanderztehende
Liebe, keine Ehe der Geschlechter, keine wonnevolle Ver=
bindung zwischen einem von Gott gesegneten Ehepaar
statt finde. Gott kann nie sein Wort brechen, nie et=
was für böse erklären, das er gut gemacht und gut ge=
heißen hat.

Der Himmel oder das Himmelreich soll auf die Erde
herabkommen. Wäre es nun gut im Himmel Gottes,
wo das Paradies ist, e h e l o s zu leben, dann würde es
mangelhaft oder geradezu böse sein, Ehen zu haben.
Aber schon im Paradiese hienieden sprach Gott: "Es ist
nicht gut, daß der Mensch allein sei; ich will ihm eine
Gehilfin machen, die um ihn sei." Was dem Menschen
im Paradiese nicht gut war, das kann ihm auch im
Himmel nicht gut sein.

Die Ehe liegt begründet in der Natur der Seele des
Menschen, und sie ist in sich selbst geistig und himm=
lisch, heilig und göttlich. Das Gemüth des Men=
schen besteht aus Willen und Verstand, oder aus einem
Kopf zu denken und einem Herzen zu lieben. Das Gute
will nicht blos gedacht oder geglaubt, sondern auch geliebt
sein. Wenn der männliche Verstand und die weibliche
Liebe sich vereinen in einer Seele, dann hat die Seele
in sich selbst eine himmlische Ehe. Die unselbstischen
und liebevollen Handlungen ihres Lebens sind dann die
Kinder der Ehe zwischen Kopf und Herz der Seele.
Wenn der Mensch böse ist, dann ist Kopf und Herz ge=
trennt. Er weiß das Gute, aber er liebt und thut es

nicht. Dann leben Kopf und Herz chelos, und das ist der Zustand der Hölle. In diesem traurigen Zustande ist der Kopf dünklerisch, das Herz selbstsüchtig und die sinnlichen Lüste werden nicht von einem vereinten Gemüthe in Schranken gehalten und dirigirt, sondern walten zügellos und beflecken den ganzen Haushalt der Seele.

Von daher stammt auch aller verkehrte Sinn und alle die wahre Ehe störende, beschmutzende, verkleinernde und vernichtende Lehre und Gesinnung. In jeder ächten Ehe dagegen spiegelt sich der Himmel im Kleinen, wie die Sonne im Thautropfen ab. Was Wille und Verstand zur Ehe verbunden sind, **das ist Mann und Weib in wahrer Ehe**. Bei dem Manne, obgleich mit einem liebenden Herzen begabt, herrscht der Verstand vor, bildet sein leitendes Prinzip und gibt ihm Charakter. Er ist deshalb der Form nach robuster und nicht so nieblich an Körperbau und Zartheit der Haut. Gröbere Züge, eine rauhere Stimme und der Bart gehn Hand in Hand mit seinem Geiste, in welchem der Verstand über die Gefühle herrscht. Die Liebe bei ihm, wie brennend sie auch sein möge, ist nicht sein vorherrschendes Lebensprinzip. Es ist die Vernunft, welche ihn leitet, der Verstand der ihm Entscheidung und Ausdruck in allen seinen Handlungen verleiht. Das Weib dagegen folgt vornehmlich dem Zuge ihrer Gefühle, obgleich ihr Verstand sein gebildet und sie eine tiefe Denkerin sein mag. Die Liebe oder Neigung entscheidet für sie in allen Fällen. Der Verstand **dient** ihrem Gefühle, und sie beurtheilt alles mit ihrem Verstande so, wie ihr Gefühl von dem zu Beurtheilenden afficirt wird. Ihr Urtheil, wenn auch nicht immer **vernünftig** so scharf, wie das des Mannes, ist eben so richtig, und sie kommt oft schneller zu einem richtigen **Urtheile** auf ihre Weise, wie der Mann auf die seinige. Was bei dem einen Theile schwächer ist,

das ist bei dem anderen stärker, so daß beide sich er=
gänzen.

Das Weib liebt im Manne das Verständige, und sie
klimmt deshalb zu ihm an seiner Intelligenz und Weis=
heit empor. Eine einigermaßen gebildete Frau wird nie
einen rohen und geistig ungebildeten Mann lieben.
Ihre Liebe ruht aus auf der Intelligenz des Mannes.
Der Mann wird eine geistreiche Frau nur dann wahr=
haft lieben, wenn sie ihn nicht an Verstand übertrifft,
und wenn seine männliche Intelligenz auf ihrer zarten
Liebe ausruhen kann. Ein den Mann nachahmendes
männliches Weib wird dem wahren Manne stets ein
Abscheu sein, und ein weibischer Mann wird nie von
einem wahren Weibe geliebt werden.

Wenn Mann und Weib in einer für einander pas=
senden Geistesstellung ehelich vereint sind, dann liebt
jeder Theil so zu denken wie der andere. Das Weib
liebt wie der Mann denkt, und der Mann denkt wie
das Weib liebt. Beide sind Eins dem Geiste und
Fleische nach. Sie sind ein Fleisch.

Im Himmel sind alle guten Geister zu ehelichen Paaren
vereint. Damit ist aber nicht gesagt, daß alle, die auf
Erden mit einander verheirathet waren, es dort auch sein
werden. Nur solche Ehen werden dorten fortgesetzt, die auf
Erden geistigen Ursprungs und in der Liebe glücklich waren.
Stimmen die Geister von Eheleuten, wenn sie sich dorten
treffen, nicht zusammen, dann verlassen sie einander ohne
ein Gefühl des Bedauerns. Der Herr sorgt übrigens
dafür, daß dorten stets die für einander passenden Herzen
ehelich vereint werden.

Da in der ewigen Welt keine Kinder geboren werden, so
ist auch die Ehe dorten eine in vieler Hinsicht andere. Diese
Erde ist die Pflanzschule für die geistige Welt, und die Ehe
ruht hienieden auf der Erzeugung von Kindern als ihrer
letzten Nutzwirkung aus. Ihre höchste Wonne ist aber

auch selbst auf Erden nicht die fleischliche, sondern die geistige
Liebe. Mann und Weib in ächter Ehe haben schon hienie=
den ihre seligsten Stunden ehelicher Freuden in dem Aus=
tausche ihrer in einander verschmolzenen Seelen. Sie ruhen
in einander, wie zwei von einer Flamme der Liebe genährte
Herzen. An diesem Hochgenusse geistiger Verbindung haben
die Sinne ihren Antheil; aber der innigste und bleibendste
Genuß wird dem geistigen Gefühle und Denken zutheil.
Das Weib genießt ihre seligste Freude in der aus den Ge=
danken des Mannes hervorquillenden Weisheit, und der
Mann findet seinen Hochgenuß in der in den Gedanken des
Weibes hervortretenden Liebe. Die dadurch bereitete gegen=
seitige eheliche Freude ist „die Wonne der Weis=
heit in der Ehe." Dieser geistige geschlechtliche Um=
gang, den ein böser Geist nicht kennt, nicht liebt und nicht
verlangt, und von welchem die gewöhnlichen im Schmutze der
oft rohesten Unkeuschheit schwelgenden Ehepaare auf Erden
keine Begriffe haben, ist einer der heiligsten und seligsten Ge=
nüsse des ewigen Lebens. Wo zwei Seelen hier oder droben
also vereinigt sind, da ist der Herr in ihrer Mitte und durch=
strömt sie mit der Wonne Seines eigenen seligen Lebens.
Alle eheliche Liebe im Himmel ist aus der Vereinigung
zweier Seelen in Gott, und ist aus der Liebe von und zu
Ihm abgeleitet. Die Liebe der Geschlechter im anderen
Leben ist vom Dufte der Heiligkeit und dem Wohlgeruche
der Unschuld durchweht, und durchaus göttlichen Ursprunges.

Alle Engel des Himmels leben in Paaren, und alle
seligen Geister, die dorten anlangen, werden, nachdem sie im
Hades von ihren Irrthümern befreit und mit himmlischen
Trieben erfüllt sind, zu vollständigen Seligen dadurch, daß
sie ehelich vereint werden. Sie werden nicht, wie auf Erden,
gefreit nach menschlicher Willkühr, noch werden sie der Con=
venienz oder anderer Rücksichten wegen zur Ehe gegeben, son=
dern, wie alle Engelpaare, von Gott Selbst zusam=
men geführt. Im Himmel wird in der That nicht ge=

h e i r a t h e t wie auf Erden. Gott Selbst vermählt dorten Mann und Weib. Wie Er im Paradiese dem Manne das Weib Selbst brachte und sie segnete, so wird ein jedes himmlisches Ehepaar von Gott Selbst zusammen gebracht. Er weiß, welche Seelen ewig zusammenpassen; deshalb fügt Er sie Selbst zusammen. Und welche Paare Er also zusammengefügt hat, die kann und wird kein Mensch in Ewigkeit trennen.

Swedenborg sagt H. u. H. 382: „Die Ehen in den Himmeln sind nicht wie die Ehen auf Erden. In den Himmeln sind sie geistige Vermählungen, die nicht Heirathen zu nennen sind, sondern Verbindungen der Gemüther in Folge der Ehe des Guten und Wahren. Auf Erden aber sind sie Heirathen, weil sie nicht nur den Geist, sondern auch das Fleisch angehen. Und weil sie in den Himmeln nicht Heirathen sind, so werden die zwei Gatten daselbst nicht Mann und Frau (maritus et uxor) genannt, sondern es wird in Folge der engelischen Idee der Verbindung zweier Gemüther in Eines der Gatte des Anderen mit einem Worte benannt, das dessen Gegenseitiges in Rückwirkung ausdrückt."

Die Freuden der ehelichen Liebe und ihre Seligkeiten und Wonnen sind zahllos und unaussprechlich. Dieses kommt daher, weil Alles, was zum Himmel gehört, der ehelichen Liebe eingeschrieben ist.

Wie die Kinder im anderen Leben erzogen werden.

Da die Kinder im anderen Leben mit einem engelgleichen Leibe bekleidet und Geister sind, so empfangen sie die ersten Empfindungen und Bewegungen von innen her. Sie setzen daher bald nach ihrer Ankunft, ohne Vorübung, wie bei dem schwerfälligen Körper, den sie abgelegt haben, ihren geistigen Leib in Bewegung. Sie fangen auch sogleich an zu reden, zuerst aus allgemeinen Gefühlen und dann aus Denkbildern, wobei sie die Engelmütter anleiten. Nicht alle Kinder sind gleichartig, sondern alle sind verschieden von Natur aus. Jedes Kindchen hat sein Eigenthümliches, aber alle haben eine geistige oder himmlische Anlage, und sie werden daher geistige oder himmlische Engel. Ihre Erziehung beginnt damit, daß sie sprechen lernen. Ihre Rede ist zuerst ein tönendes Gefühl, bis die Gefühle sich zu Denkbildern gestalten. Da nun ihre Gefühle aus der Unschuld hervorgehn, so werden ihnen durch ihre Erzieher erst solche Dinge eingeflößt, welche ihre Augen erfreuen, und deren sind in jener Welt unendlich viele und wunderschöne um sie herum. Mit denselben fließen himmlische Ideen in ihre Gemüther ein, wodurch ihr schlummerndes Inwendiges aufgeschlossen und von Tag zu Tag vervollkommnet wird. Haben sie nun eine gewisse Stufe erlangt, so werden sie in einen solchen Himmel versetzt, der ihrem ausgebildeten Geisteszustande entspricht, und dann weiter fortgebildet.

Bei dem Unterrichte gebrauchen ihre Lehrer hauptsächlich Vorbildungen, und zwar solche, die ganz ihrer Gemüthsart angepaßt sind. Diese Vorbildungen sind so schön und reich mit Weisheit von innen her erfüllt, daß sie alle irdischen Vorstellungen weit übertreffen. Swedenborg schreibt: „Zwei Vorbildungen, die mir zu sehen gegeben wurden, darf ich hier anführen, von welchen man den Schluß auf die übrigen machen kann. Zuerst bildeten sie den aus dem Grab sich erhebenden Herrn vor, und zugleich die Vereinigung Seines Menschlichen mit dem Göttlichen; was in so weisheitsvoller Weise geschah, daß es alle menschliche Weisheit überstieg, immer jedoch kindlich unschuldiger Art. Sie stellten auch das Begräbniß im Bilde dar, nicht jedoch zugleich ein Bild des Herrn, außer so entfernt, daß man kaum erkannte, daß es der Herr sei, und nur wie von Weitem, und dies darum, weil in der Vorstellung des Grabes etwas von einer Leiche liegt, das sie auf diese Weise beseitigten. Nachher brachten sie in das Grab mit feinem Bedacht etwas Atmosphärisches, das wie eine durchsichtige Flüssigkeit erschien, wodurch sie, ebenfalls unter schicklicher Fernehaltung, das geistige Leben in der Taufe bezeichneten. Später sah ich sie die Hinabfahrt des Herrn zu den Gebundenen und Seine Auffahrt mit den Gebundenen in den Himmel vorbilden, und dies mit unvergleichlich klugem und frommem Sinn; und, was kindlich war, sie ließen beinahe unsichtbare, ganz weiche und zarte Strickchen nieder, um den Herrn bei Seiner Auffahrt damit emporzuheben, stets in frommer Besorgniß, bei der Vorbildung etwas zu berühren, in dem nichts Himmlisch=Geistiges läge. Ich übergehe andere Vorbildungen, in welchen sie sind, und durch welche sie, wie durch Spiele, die den kindlichen Gemüthern angemessen sind, in die Erkenntnisse des Wahren und in die Gefühle des Guten eingeleitet werden."

Was das Verstandesgebiet der Kinder betrifft, so ist dasselbe für die Wahrheit bis zum Herrn hin aufgeschlossen. Der Herr fließt daher mit göttlichen Ideen in ihre Vorstellungen von innen, und zwar von ihrem Innersten her ein. Ihr Gemüth verschließt sich also nicht, wie bei den

Erwachsenen auf Erden, oder wie bei bösen Geistern, gegen die Aufnahme und das Verständniß der geistigen Wahrheiten. Mit kindlichem Vertrauen öffnen sie ihr Denkvermögen den Glaubenslehren, die ihnen mitgetheilt werden, so daß sie für die Aufnahme des Guten und Wahren völlig empfänglich sind. Angeleitet in der allerbesten Weise von Engellehrern, werden sie allmählig in die Erkenntniß alles Guten und Wahren eingeführt, und dieser himmlischen Ordnung gemäß geht ihre Fortbildung voran, bis sie zu Engeln völlig ausgebildet sind. Da die Vorbildungen, welche bei ihrem Unterrichte gebraucht werden, aus geistigen Substanzen bestehen, zwischen welchen und ihren Seelen ein wechselseitiger Einfluß ausgeübt wird, so ist jeder Gegenstand um sie her erfüllt mit Leben und Freude. Alles und Jedes, das sie sehen, ist lebendig, angenehm und lieblich. Swedenborg erzählt aus seiner Erfahrung darüber Folgendes: „Wie ihnen alles beigebracht wird durch Angenehmes und Liebliches, das ihrer Gemüthsart zusagt, ist mir auch gezeigt worden. Es ward mir gegeben, die Kinder zu sehen, die auf's Zierlichste gekleidet waren, und um die Brust, wie auch um ihre zarten Arme Gewinde von Blumen hatten, die in dem herrlichsten Schmelze himmlischer Farben erglänzten. Einmal durfte ich auch Kinder mit ihren Erzieherinnen und zugleich mit Jungfrauen in einem paradiesischen Garten sehen, welchen nicht sowohl Bäume, als lorbeerartige, zu bedeckten Gängen in einander geflochtene Sträucher auf's Herrlichste schmückten, mit Wegen, die von den Eingängen aus ins Innere führten, und dann die Kinder selbst, wieder ebenso bekleidet, bei deren Eintritt das Blumengehänge über dem Eingang in freudigster Pracht erglänzte. Daraus ist zu ersehen, in welchen Wonnen sie leben, und daß sie durch Liebliches und Angenehmes in das Gute der Unschuld und Liebthätigkeit eingeleitet werden, welches Gute der Herr fortwährend in jenes Angenehme und Liebliche hineinlegt."

Es kann nun ferner keine Frage mehr sein, ob die Kinder

dorten ewig Kinder bleiben. Da Einsicht und Weisheit den Engel macht, so bleiben die Kinder so lange als Kinder bei den Engeln, bis sie verständig, weise und selbst Engel sind. Sie erscheinen dann nicht mehr als Kinder, sondern als Erwachsene. Die kindische Art des Wesens hat sich verloren, und die des reiferen Geistes, welche Einsicht und Weisheit mit sich bringt, nimmt die Stelle ein. Die Kinder haben sich nun zu Jünglingen, jungen Männern und Jungfrauen gestaltet. In der Größe derselben erscheinen sie dort in ihren schönen geistigen Leibern.

Der Grund ihres Wachsthums in jenem Leben ist leicht einzusehn, wenn man bedenkt, daß Einsicht und Weisheit die eigentliche geistige Nahrung des Geistes ist. Was das Gemüth eines Geistes nährt, das nährt auch seinen Leib, und dies vermöge der Entsprechung; denn die Gestalt ihres Leibes ist nichts anderes, als die Außengestaltung ihres Inwendigen. In dem eben erwähnten jugendlichen Mannes- und Jungfrauenalter bleiben die zu Engeln herangewachsenen Kinder ewig stehn, fort und fort zunehmend an himmlischer Weisheit.

Es möchte vielleicht die Frage auftauchen, ob die Kinder im anderen Leben blos in geistigen Wahrheiten unterrichtet werden, oder ob sie auch in Elementar- und Realkenntnissen, und in den Künsten und Wissenschaften Ausbildung erhalten. Als Antwort darauf kann ich nur sagen, daß jene Welt nicht blos eine wirkliche, sondern die allerwirklichste Welt ist, und daß auf dieser Erde nichts an Künsten und Wissenschaften existirt, das nicht von dorten her seinen Ursprung hätte. „Alle gute Gabe kommt von oben herab, vom Vater der Lichter." Was wir auf Erden Gutes und Schönes besitzen, ist eine Ausgeburt des Himmels. Auf dieser Erde entsteht nichts Gutes, das nicht zuvor dorten existirt hat, und nichts davon kann und wird zukünftig auf Erden ins Dasein kommen, das nicht im Himmel seinen Ursprung gehabt und von daher durch Vermittlungen der göttlichen Vorsehung auf die Erde herabgebracht werden wird. Alles Gute, Wahre und Schöne, alle nützlichen Künste und wahren Wissenschaften, die seelenvollen Accorde der Musik, die herrlichen Formen der Baukunst, jede nützliche Erfindung und Entdeckung auf allen möglichen Gebieten des irdischen Lebens, angeregt auf die mannigfaltigste oder scheinbar zufälligste Weise, sind Ausgeburten des Himmels. Alles was sich hier verendlicht findet, ist im Himmel in ursprünglicher Frische, Blüthe, Schönheit und Vollkommenheit, so daß alles, was die Erde besitzt, blos ein mattes Abbild von den Realitäten jener guten Geisterwelt ist. Man denkt, spricht, schreibt, liest und singt dorten eben so wohl wie hier. Unsere Kinder im Himmel werden daher in allen Fächern, welche in den Schulen auf Erden gelehrt werden, unterrichtet. Der Verstand so wohl wie das Herz bedürfen der Ausbildung, und der menschliche Geist ist so beschaffen, daß er in jeder Art von Erkenntniß unendlich fortschreiten und ausgebildet werden kann. Dorten ist deshalb in allen möglichen Fächern der Wissenschaft und Kunst ein ewig freudiger Fortschritt. Ja, neue Fächer der Wissenschaft und Kunst sind dorten in fortwährendem Entstehen. Die göttliche Quelle, aus der sie hervorgehn, versiegt nie, sondern liefert unausgesetzt für alle endlichen Geister im Himmel und auf Erden neue Nahrung und neues Leben, und alles schreitet also unaufhörlich voran. Die Schöpfung auf ihrer untersten Stufe, wie sie unseren natürlichen Augen erscheint, ist auch eine Ausgeburt der geistigen Welt. Alle Naturschönheiten hienieden sind blos Nachbildungen der Schönheiten jener Welt. Siehe die Blumen an, welche auf diesen Gräbern blühen. Betrachte diese Rose im Schmucke jugendlicher Röthe. Siehe dir ein einziges Blättchen genau an. Woher kommt diese Form? Siehe, wie regelrecht die Linien sind, wie jedes Fäserchen so genau berechnet zu sein scheint, wie, aller Künstler Kunst übertreffend, jede Blüthe, jedes Blatt, kurz alles in den „Kindern der verjüngten Flur" eine schaffende Weisheit hinter dem rohen Stoffe der Materie predigt. Sonnenschein und Regen sagen nicht: „So muß das, so jenes sein!" und gehen dann mit Geschicklichkeit ans Werk, um auszuführen was sie sich erdacht hätten. Die wirkende Intelligenz hinter der Natur ist die Weisheit des großen Vatergeistes, welcher mittelst geistiger Einflüsse die Gebilde der Geisterwelt herabbringt, und aus lebendigen Formen diese an sich todten und für nur kurze Zeit belebten natürlichen Gebilde der Natur ins Dasein ruft. In den Schönheiten der Natur spiegeln sich die Schönheiten der lebendigen geistigen Welt ab, und tief muß das Herz verkommen und gar sehr das Geistesauge getrübt sein, welches nicht im Buche der Natur den weisheitsvollen Schöpfer und die Kräfte jener lebendigen Welt lesen kann.

Unsere abgeschiedenen Kinder leben dort in einem ewigen Frühlinge. Mit ihren Lehrern lustwandeln sie in Gärten und Paradiesen, die voll sind von den herrlichsten Gewächsen. Blumen jeder Art erfreuen das Auge, und sie pflücken diese Blumen und winden Kränze für sich und ihre Lehrer. Ja, dorten ist alles was Herz und Sinn erfreut.

Wenn der Mensch von dem Dasein jener ewigen Welt völlig überzeugt ist, dann kann er nicht mehr traurig dastehn und Thränen weinen am Grabe eines längst auferstandenen und verklärten Lieblings. Unter diesen Grabhügeln sind unsere Lieben nicht; hier ruhen blos die abgetragenen Erdenkleider, um Erde zu werden, von der sie genommen waren. Während uns hier sanfte Lüfte kühlend umfächeln, die herrliche Natur uns anlacht, und die Vöglein auf den Zweigen singen und spielen, ergeht sich dein Liebling mit seinen Lehrern in dem Haine eines Paradieses, und singt mit seligen Kindern vereint im Chore ein Loblied, dessen feierliche Harmonie durchlebt ist von Unschuld und Liebe. O glückiche Eltern, die ihr einen Engel dort vorausgeschickt habt, wie solltet ihr euch getröstet und beglückt fühlen durch die Wahrheit, daß euer Kind dorten erzogen wird, wie kein Fürstenkind auf Erden es jemals werden kann. Freut euch denn und blickt aufwärts mit Dank, und vorwärts mit Sehnsucht nach der Stunde eines frohen Wiedersehns.

    Sehet ihm mit Freuden nach,
    Denn es lebet und ist wach
    Für das Gute ganz allein,
    Und wird bald ein Engel sein.

    Dorten sollt ihr's wiedersehn,
    Rein, unschuldig, lieb und schön.
    Werdet Kinder nun an Sinn,
    Daß auch ihr dort kommet hin.

    O wie wohl, wie wohl wird's thun,
    Und wie selig wird's sich ruhn,
    Wenn wir in den ewgen Höhn
    Einst uns glücklich wiedersehn.

Wie die Kinder von den mitgebrachten erblichen Anlagen zum Bösen befreit werden.

Die Unschuld der Kinder ist nicht die echte Unschuld, sondern die bloße Grundlage dazu. Beim Uebertritt ins andere Leben bringt jedes Kind mit sich alle die schlafenden Keime zum Bösen, die es von den Eltern ererbte. Nach der geistigen Beschaffenheit von Vater und Mutter sind diese erblichen Anlagen bei jedem Kinde verschieden. Durch den Tod des Körpers wird weder bei dem Erwachsenen, noch bei dem Kinde irgend etwas plötzlich verändert. Jeder Verstorbene kommt dort genau in demselben geistigen Seelenzustande an, in dem er diese Welt verließ. Keine plötzliche Verwandlung, keine unnatürliche Umgestaltung des Selbstbewußtseins, noch des Wollens, Verlangens, Denkens und Wissens, kein der gesetzlichen Entwicklung zuwiderlaufendes plötzliches Gut- und Weisesein erfolgt. Das Leben jener Welt ist eine ruhige, ordnungsmäßige Fortsetzung des angefangenen Lebens auf Erden, und zwar in der Richtung, die jeder Mensch nach freier Wahl einschlug.

Unsere dort angekommenen Kleinen befinden sich in der **äußeren** Unschuld, welcher die Weisheit fehlt, und die man auf Erden die Unschuld der Unwissenheit nennen kann. Diese Unschuld ist ein **Bild** von der ächten Unschuld der Weisheit, zu welcher der wiedergeborne Christ auf Erden erst angeleitet wird. Wenn der Herr sagt, daß wir uns umkehren und wie die Kinder werden müssen, so meint er nicht, daß wir unwissend und kindisch, sondern von Herzen gut werden sollen dadurch, daß wir die verständige Wahrheit mit der Liebe und kindlichen Unschuld verbinden.

Die Unschuld leuchtet bei allen Kindern auf Erden aus ihrem Angesichte, aus einigen ihrer Geberden und aus ihrer ersten Sprache hervor, und sie rührt das Herz aller Menschen mehr oder minder zu einer innigen Liebe der Kinderwelt an. Da sie kein inneres Denken haben, so wissen sie noch nicht was gut und böse, wahr und falsch ist. Sie denken nicht aus Bösem und Falschem, fassen also keine bösen Vorsätze und haben somit keine Absicht zum Bösen. Auch haben sie kein aus der Selbst- und Weltliebe angebildetes Eigene, schreiben nichts sich selbst zu und sehen auf ihre Eltern als Diejenigen, denen sie alles verdanken. Frei von Sorge um Nahrung und Kleidung, sind sie mit Wenigem zufrieden, das ihnen geschenkt wird, bekümmern sich nicht um die Zukunft, spielen in Unschuld mit einander, lieben ihre Eltern, lassen sich leicht leiten, merken auf und gehorchen. Weil sie in diesem Zustande sind, nehmen sie alles ins Leben auf, und von daher haben sie, ohne zu wissen woher, anständige Sitten, die Sprache und auch einen ersten Anfang von Gedächtniß und von Denken. Zur Aufnahme und Aneignung alles dessen dient ihnen ihr Zustand der Unschuld als Mittel. Aber diese Unschuld ist eine bloß äußerliche, weil bei ihnen Verstand und Wille noch nicht ausgebildet sind, und sie nicht aus einem entwickelten Gemüthszustande heraus denken und fühlen.

Alle Kinder stehen grund ihrer Unschuld unter einer besonderen Obhut des Herrn, in Folge dessen himmlische Einflüsse bei den Eltern vom obersten Himmel her einfließen. Swedenborg sagt H. u. H. 277 darüber Folgendes: „Es ist mir aus dem Himmel gesagt worden, daß die Kinder vorzugsweise unter der Obhut des Herrn seien, und der Einfluß aus dem innersten Himmel komme, wo ein Zustand der Unschuld ist, und daß der Einfluß durch ihr Inwendiges hindurch gehe, und im Hindurchgehen dieses nur durch die Unschuld anrege, und daher die Unschuld im Gesicht und in einigen Geberden sich darstellt und in die Erscheinung trete;

und daß sie es sei, durch welche die Eltern innigst gerührt werden, und welche die sogenannte Eltern- und Kindesliebe hervorbringt."

Da nun die Unschuld das Aufnahmsgefäß aller Einflüsse des Himmels ist, so ist die Unschuld der Kinder die Grundlage aller Gefühle des Guten und der Wahrheit. Diese Unschuld verursacht bei allen Menschen, daß man nicht von sich selbst, sondern vom Herrn geführt sein will. Die Unschuld der Weisheit, zu der unsere Kinder im Himmel heranreifen, besteht hauptsächlich darin, den Herrn lieb zu haben und von Ihm geführt zu werden, und so weit das geschieht, so weit ist eine Seele weise oder in der Unschuld der Weisheit. Die Kinder werden daher von der äußerlichen Unschuld, in der sie anfangs alle sind, zu der Unschuld der Weisheit, welche die innerliche Unschuld ist, angeleitet. Auf den Gefühlen der Unschuld ausruhend, öffnet sich ihr liebreiches Herz für alles Gute, und ihr Verstand sieht alle ihnen gelehrten Wahrheiten leicht ein. In diesem Geiste werden sie auch im Himmel ausgebildet in allen Fächern der himmlischen Wissenschaften und Künste, und darin, wie auch in aller geistigen Weisheit, schreiten sie ewig fort, nachdem sie zu Engeln ausgebildet worden sind. Dieser Fortschritt ist dorten kein mühevoller, lästiger oder unangenehmer, sondern ein von inniger Freude und Wonne getragener, angeregt von den beglückendsten Impulsen der Liebe zur Weisheit, und fortwährend neu gestärkt durch die dazu erforderlichen und sanft einfließenden Lebenskräfte vom Herrn.

Bei dieser Erziehung der Kinder im Himmel kommt es nun sehr darauf an, ihnen die wichtige Wahrheit tief und unvertilgbar einzuprägen, daß sie aus sich selbst nicht Gutes haben, sondern daß alles Liebe, Gute, Wahre, Unschuldige und Schöne, ja alles Leben im Guten vom Herrn allein herrührt; daß Er allein ist die Quelle alles Lichtes und alles Leben, und daß sie, wenn sie sich selbst überlassen wären und sich selbst führen wollten, ihre mitgebrachten schlafenden Keimanlagen zum Bösen erwecken und durch und durch böse werden würden. Diese mitgebrachte erbliche Anlage zum Bösen ist ihr eigentliches und einziges Eigne, und es wird ihnen daraus klar, daß sie aus sich selbst nichts als Böse sind. Damit ihnen diese Wahrheit unauslöschlich eingeschrieben werde, veranstaltet der Herr, daß sie während ihrer Erziehung zuweilen in dieses ihr Böses, das sie erblich empfangen haben, zurückversetzt und darin gelassen werden, bis sie wissen, anerkennen und glauben, daß sich die Sache wirklich so verhält. Dieses Zurückversetztwerden in den Zustand ihres angeborenen Lebens geschieht durchaus niemals, um sie zu strafen, sondern um sie zu belehren, und die Wachsamkeit und Weisheit mit welcher ihre Engellehrer sie dabei anleiten, und die göttlichen Einflüsse, welche diesen Prozeß begleiten, übersteigt weit alle Weisheit unserer weisesten Lehrer auf Erden. Swedenborg berichtet folgenden Vorfall, der ihm zu sehen gestattet wurde: „Es war ein Gewisser, der als Kind gestorben, aber im Himmel herangewachsen war, in der Meinung, daß das Gute bei ihm aus ihm selbst wäre. Er war der Sohn eines gewissen Königs. Er wurde daher in das ihm angeborne Leben des Bösen zurückversetzt, und dann empfand ich aus seiner Lebensströmung, daß er einen Hang hatte, Andern zu gebieten, und daß er die Ehebrüche für nichts achtete, welches das ihm von seinen Eltern anererbte Böse war. Nachdem er aber erkannt hatte, daß er so beschaffen sei, wurde er wieder unter die Engel aufgenommen, unter denen er vorher war." H. u. H. 342.

Dadurch daß die Kinder im Himmel in das Engelleben durch die Erkenntniß der Wahrheit und durch die Weisheit des Guten systematisch eingeleitet werden, erhält die Liebe zum Herrn und die wechselseitige Liebe, in welchen die Unschuld wohnt, die Herrschaft in ihrem Innern. Die mitgebrachten erblichen Anlagen zum Bösen werden durch ihr

Gutes, in dem sie leben, und das sie beherrscht, so in dem äußersten Umkreise ihres Lebens zurückgehalten, daß sie nie aufkeimen und herrschend werden können. Ihre mitgebrachten erblichen Anlagen zum Bösen ruhn also wie todt unter der lebendigen Macht des sie regierenden göttlichen Lebens vom Herrn.

Sehr viel liegt daran für Zeit und Ewigkeit, daß Kinder auf Erden eine weise und der himmlischen Erziehung ähnliche Ausbildung im Guten erhalten. Alles was die Unschuld und die Liebe zum Herrn und zum Nächsten nährt, geht mit dem Menschen das ganze Leben hindurch. Das Kindesherz ist wie weiches Wachs, in welchem sich alle guten und alle bösen Beispiele abdrücken. Wie sehr der göttlichen Weisheit entgegen werden so viele Kinder schon frühe für alles himmlische Leben abgestumpft—durch die Leichtfertigkeit und Thorheit der Eltern. Swedenborg erzählt H. u. H. Nro. 344 einen Vorfall, den wir nicht ohne Wehmuth lesen können. Er berichtet: „Wie entgegengesetzt aber die Erziehung der Kinder auf Erden bei Vielen ist, kann aus folgendem Beispiel erhellen: ich befand mich auf der Straße einer großen Stadt und sah da Knäbchen sich miteinander schlagen. Es kam die Menge herbeigelaufen und sah mit Vergnügen zu, und man sagte mir, daß selbst die Eltern ihre kleinen Knaben zu dergleichen Kämpfe anreizen. Die guten Geister und die Engel, welche dies durch meine Augen sahen, verabscheuten es so tief, daß ich Schauder empfand, darüber besonders, daß die Eltern sie zu dergleichen reizten. Sie sagten, daß diese Eltern schon im ersten Alter alle wechselseitige Liebe und alle Unschuld auslöschen, welche die Kinder vom Herrn haben, und daß sie dieselben in Haß und Rachsucht einführen: daß sie also ihre Kinder mit allem Fleiß vom Himmel ausschließen, wo nichts als wechselseitige Liebe ist. Mögen sich also vor dergleichen die Eltern hüten, die ihren Kindern Gutes wünschen."

Wir wollen jetzt noch kurz untersuchen, welcher Unter=

schied stattfindet zwischen denen, die als Kinder und denen, die als Erwachsene sterben.

Das Gedächtniß und alle körperlich-natürlichen Neigungen der Erwachsenen, welche dieselben nach dem Tode mitbringen, bilden eine Unterlage von dieser Welt her, die sie nie verlieren. In jener Welt r u h t dieselbe, als des Geistes Unterstes oder Letztes unverrückt so, wie sie beschaffen war als er starb. Aber obwohl diese Unterlage passiv oder ruhend ist, dient sie dem Denken des Geistes, weil seine Gedanken in diese herabfließen. Je nachdem nun diese Unterlage und das Vernunftgebiet des Geistes beschaffen ist, und je nachdem die Vernunft mit den ihr eingeprägten Dingen in Harmonie steht, ist der Mensch nach dem Tode beschaffen. Eine solche Unterlage hat kein Kindchen, das die Erde verläßt und von den Engeln erzogen wird.

Auch sie haben eine Unterlage, auf der ihr Denken ausruht, aber dieselbe ist geistig-natürlich und hat nichts von der materiellen Welt und dem irdischen Körper an sich. Aus diesem Grunde befinden sie sich nicht in solchen groben Neigungen und den daraus hervorgehenden Gedanken, wie die Erwachsenen, die dort hinkommen. Was sie erfahrungsmäßig besitzen, ist alles geistig und aus dem Himmel. Sie wissen nichts davon, daß sie in dieser Welt geboren wurden, sondern glauben, sie seien dorten ins Dasein gekommen. Die geistige Geburt, die Erkenntnisse des Guten und Wahren und der Fortschritt im himmlischen Leben sind ihren Begriffen nach die einzige Geburt, die es gibt. Sie lieben den Herrn über Alles, und sie gehören Ihm allein an. Sie befinden sich also in einem höheren geistigen Seelenzustande, als die meisten der dort ankommenden guten Menschen, die als Erwachsene die Erde verlassen. Swedenborg sagt: „Dennoch aber kann der Zustand der Menschen, die auf der Erde groß wachsen, ebenso vollkommen werden, als der Zustand der Kinder im Himmel, wenn sie die körperlichen und

irdischen Triebe, welche die Selbst= und Weltliebe sind, ent=
fernen und an deren Stelle geistige Triebe in sich auf=
nehmen."

Und nun, theuere Seele, blicke vom Grabeshügel einen
Augenblick aufwärts in die Heimath deines geliebten Kindes.
Laß deinen Geistesblick dort ausruhn und siehe, welch ein
herrliches Schicksal dein Kind betroffen hat. Gewiegt von
den Wonnen der Weisheit, wächst es auf, um dir einstens
vorgestellt zu werden als ein seliger Engel. Sein und dein
himmlischer Vater, welcher der rechte Vater aller Geister ist,
zeigt dir schon jetzt deinen Liebling in dem lichten Gewande
eines Engels, während himmlische Genossen dir zuflüstern:
Jener Engel ist dein Kind.

Die große Hauptlehre des Himmels.

Weit umher herrscht feierliche Stille. Das Gras zu unseren Füßen und die vielen Grabhügel umher erinnern uns an die Flüchtigkeit des Lebens, die so treffend ausgedrückt ist in den Worten des 90sten Psalms. Ja wohl, wir sind „wie das Gras, das da frühe blühet, und bald welk wird, und des Abends abgehauen wird, und verdorret." Wie der Strom dahin zieht, und kein Tröpflein Wasser wieder zurückkehrt, sondern Wassermasse auf Wassermasse ins Meer strömt, der Fluß hinterher aber stets neu wird, so strömt die gewaltige Menschenmasse der Gegenwart dem Ocean der Ewigkeit zu. Hinter ihr her kommt das neu aufgewachsene Geschlecht, um ebenfalls hinabgeschwemmt zu werden in das Meer der großen Geisterwelt. „Du lässest sie dahin fahren wie einen Strom."

Unter diesen Hügeln ruhn die Ueberreste von Geistern, die jetzt alle dort sind. Schwerlich liegt die Leiche irgend eines Geistes hier begraben, welcher nicht Jemand hatte, der ihn auf Erden liebte. Wie viele Thränen sind geflossen an den Leichen und Gräbern Derer, die hier starben! Kein Sarg wurde nach diesem Friedhof gebracht, dem nicht schmerzbeladene Herzen und nasse Augen folgten. Und wie oft kommen nicht Eltern, Geschwister und Freunde an diese Gräber, rufen aus dem Grabe ihres Gedächtnisses den Verstorbenen heraus, und weinen vor dem in ihrer Vorstellung Auferstandenen Thränen der Wehmuth. Auch der Herr des Lebens stand einstens an Freundes Grab, „und Ihm gingen die Augen über." Die es sahn, sprachen: „Siehe, wie hat Er ihn so lieb gehabt!" Auch Er hat geweint und hat unsere Thränen geheiligt, gefühlt wie wir den natürlichen Schmerz, und Er weiß wie es uns zu Muthe ist, wenn wir am Scheidewege Derer stehn, die wir lieben, und welcher Schmerz unsere Brust durchzuckt, wenn die Trennungsstunde schlägt. Ja, scheiden thut weh, oft sehr weh! Aber Er, der am Grabe des Freundes weinte, war der Ewige, eingehüllt ins Zeitliche, der unsere Schmerzen auf sich lud und über Tod und Grab emporschwebte, um uns jenseits zu bewillkommnen in des Vaters Hütten, und unter dem Jubel des Wiedersehns abzutrocknen alle Thränen.

Zur weinenden Schwester sprach Er, als sie zum Grabe ihres Bruders gingen: „**Ich bin die Auferstehung und das Leben. Wer an Mich glaubet, der wird leben, ob er gleich stürbe. Und wer da lebet und glaubet an Mich, der wird nimmermehr sterben.**" Welch eine Sprache ist das?! Er nennt Sich das Leben. Wer konnte, wer mußte das sein, der so von Sich Selbst sprach? Gott allein ist die Quelle alles Daseins — oder das Leben. War Er Gott? War Er es, so war Er auch der eine Gott; denn es ist nur Ein Gott, nur Ein Ursprung alles Lebendigen. Er nennt sich das Leben im absoluten Sinn: „**Ich bin das Leben.**" Mehr als ein Leben in diesem Sinne ist nicht denkbar, außer wir nähmen an, daß es mehr als einen Gott gäbe, wogegen aber der Verstand und das Gefühl des Menschen, die ganze Schöpfung und die Heilige Schrift protestiren. Er das Leben?—Was glaubt man von Ihm droben, und was lehrt man dorten unseren Kindern über Ihn?—Komm, laß uns hier am Grabe, wo der Tod daheim ist, aufsehn zum Leben; laß uns nachdenken über das, was die Schrift uns über Ihn lehrt, welcher ist „der Weg, die Wahrheit und **das Leben.**" Hat dir die Neue Kirche schon so viel Licht und Trost in deine Dunkelheit gebracht, so kommt sie dir gewiß auch jetzt mit der Wahrheit entgegen und zeigt dir,

8*

wer Er ist, welcher hat allein Leben und Unsterblichkeit. Du wirst etwas Neues, deinen vorigen Ansichten und Begriffen total Fremdes zu hören haben. Schrecke nicht zurück, denn es gilt einen Schritt vorwärts z u m Leben. Es ist ein ernster Schritt, aber ein Schritt, der dir nie Unruhe, nie Leiden, sondern nur Leben und Freude bringt. Ist dir's neu, was du hören mußt, so sei darum unbesorgt, die Hand, welche der Welten Lenker ist, will dich durch das Neue zu Sich, zum Leben führen. Du wirst alte, ehrbar gewordene Lehransichten aufgeben müssen; aber was macht das? Ist nicht so mancher Irrthum altersgrau und ehrbar geworden, den eine bessere Erkenntniß, eine neue Lehre für immer verdrängte. Tobt das Meer dogmatischer Gedanken in dir, und ist dir's bange zu versinken in der Tiefe der aufgeregten Elemente, so wisse, daß hier Der ist, welcher spricht: „Fürchte dich nicht, Ich bin es."

Neuer Wein mundet nicht gleich, der alte ist lieblicher und leichter. So scheidet man auch nicht gerne von seinen Lieblingsideen, welche man früh erlernt und als rechtgläubig verfochten hat, und welche keine Anstrengung des Nachdenkens, sondern blos blindes Zustimmen erfordern. Der neue Wein ist kräftig und zerreißt die alten Schläuche. Alte Glaubensformen können die neue geistige Wahrheit nicht in sich aufbewahren, deshalb gehört für den neuen Wein ein neuer Schlauch. Dein ganzes Denken und Glauben muß neu werden. Das ist es ja aber eben, was Er verheißen hat, der das Leben ist. Sein Wort an dich lautet: „Siehe, Ich mache alles neu." Alles — alle deine Ansichten, dein ganzer Glaube und dein ganzes Leben muß neu werden durch Ihn, welcher ist d a s L e b e n. Du brauchst also nicht besorgt zu sein, wenn Du von alten Lieblingsideen scheiden mußt. Sind dieselben krank und dem Tode verfallen, so laß sie sterben, denn siehe, dafür steht in dir auf das unvergängliche Neue und erfüllt dich mit seliger Freude. Höre mich denn ruhig an. Ich komme nicht mit etwas absolut Neuem, son=

dern mit einer uralten Wahrheit, die deshalb neu ist, weil die Menschen vor Alters den Irrthum an Stelle der Wahrheit setzten. Wo der Irrthum herrscht, da ist die Wahrheit immer neu. Du und ich und alle Menschen haben das Bedürfniß ein allerhöchstes Wesen zu lieben und anzubeten. Die Schrift sagt uns, daß unser himmlischer Vater die Liebe ist, und daß wir Ihn, der uns zuerst geliebt, wieder lieben sollen „von ganzem Herzen, von ganzer Seele und aus allen Kräften." Können wir mehr als Ein göttliches Wesen **also lieben**? Können wir alle unsere Kräfte der Liebe in mehr als Einem göttlichen Wesen concentriren? Mehr als Ein göttliches Wesen oder Eine göttliche Person könnten wir unmöglich so ungetheilt lieben.

Wo alle Liebe sich vereinen und vereint bleiben soll, da muß der zu Liebende der Mittel= und Concentrationspunkt für alle Liebe des Liebenden sein. Zwei oder gar drei Mittelpunkte zur Concentrirung aller Liebe, ist ein Unding und eine ewige Unmöglichkeit. Es ist daher eine aus dem Begriffe der Gottesliebe hervorgehende Glaubenslehre, daß Gott die Liebe und absolut Einer in Wesen und Person ist. Liebe zu Ihm würde aufhören, wenn die Menschen auch den letzten Schimmer von dieser Wahrheit verlören. Das Herz **kann** nur Einen „**von ganzem Herzen**" lieben, und der Vereinigungspunkt aller Liebe wird nur dann ein wirklicher sein, wenn das Auge des Geistes ihn klar und deutlich sieht. Einen unsichtbaren, unnahbaren, ins Dunkel gehüllten oder gar mit abschreckenden Eigenschaften, wie Zorn, Rache, Aerger u. s. w. aus dem Buchstabensinn dogmatisch dargestellten Gott kann das Herz fürchten oder ängstlich anstaunen, aber **nie lieben.** Um Gott von ganzem Herzen zu lieben, muß Er sich dem Auge des Geistes des Menschen sichtbar und so liebenswürdig zeigen, daß das Herz freiwillig zu Ihm hingezogen und so von Ihm ergriffen wird, daß es vor Liebe zerschmilzt und nirgends anders solche Empfindung des Wonnegefühles erfährt, als in dieser Liebe.

Darum auch mußte Gott sichtbar oder Mensch werden. Und die Erfahrung des wahren, lebendigen, aber nie **allgemein** gewesenen Christenthums, wie es die „**kleine Schaar**" zu allen Zeiten besaß, war Liebe zum sichtbar gewordenen Gott, Liebe zu Jesu. Alle aufrichtigen und erleuchteten Christen lieben den Herrn Jesus Christus als ihren Gott und Heiland. Ist das Herz erst bekehrt, dann wird es durch heilige Impulse zum Herrn hingezogen und von der Gluth Seiner Liebe erwärmt. Das war das Feuer, welches anzuzünden Er in die Welt kam, und von welchem Er sagte: „Wie wünsche Ich, es brennete schon!" So lange diese Liebe im Herzen fehlt, ist alle Erkenntniß der Wahrheit todt. Die schönsten Lehrwahrheiten ohne diese Liebe machen keinen wahren Christen. Liebe ist nicht blos kaltes Gehorsamsein, oder nach den Geboten gezwungen moralisch leben, sondern es ist ein Feuer, das zum Guten erwärmt, und das daher auch innerlich erfahren, d. h. gefühlt und genossen werden muß. Alle wahren Christen wissen es, wie beseligend und über alles erhaben die Liebe zum Herrn ist, welche sie die „Jesus-Liebe" nennen. Dadurch ist es ihren Herzen eingeschrieben, ohne die Lehren der Neuen Kirche zu kennen, daß der Herr Jesus Christus ist der Vereinigungspunkt aller Gottesliebe. Er ist es; denn Er ist wirklich der alleinige Gott, der sichtbar gewordene allliebende Vater. Alle wahren von Jesusliebe beglückten Christen wissen es bei sich selbst, daß sie ihr Herz nicht unter drei Personen vertheilen können. Sie können nur Einen mit dem ganzen Herzen lieben. Die Hauptlehre des Neuen Jerusalems ist daher dieser lebendigen Erfahrung gemäß die, **daß Gott ist Einer in Wesen und Person, daß die ganze Fülle der Gottheit,** d. h. **die Dreieinigkeit, in dieser einen göttlichen Person leibhaftig wohnt, und daß der Herr Jesus Christus in verklärter Gottleiblichkeit oder Göttlicher Menschheit dieser Eine Gott ist.**

Solches ist auch deutlich die Lehre der ganzen Heiligen Schrift. Wenn wir dieselbe in diesem Lichte untersuchen und unparteiisch durch Vergleichung sich selbst auslegen lassen, so werden wir sie durchweg in derselben bestätigt finden. Sie ist die Lehre, welche alle Engel glauben, und ohne welche die Himmel in Nichts zerfallen oder aufhören würden.

Du fragtest vordin: „Was lehrt man unseren Kindern im Himmel über den Herrn?" Diese Lehre: „Der Herr ist der wahrhaftige Gott und das ewige Leben". (1. Joh. 5, 20.) Unsere Kinder werden im Himmel aus der Heiligen Schrift darüber unterrichtet, und diese Wahrheit leuchtet ihnen auf jeder Seite derselben entgegen. Wundere dich nicht, daß Gottes Wort auch dorten ist; dort ist es erst recht. Auch im Himmel liest man die Bibel. Sagt doch die Schrift Psalm 119, 89 grundtextlich also: „Jehovah, Dein Wort ist ewig festbegründet in den Himmeln." Alle Engel Gottes forschen darin. Der äußere oder Buchstabensinn, welcher den göttlichen Sinn umhüllt, ist dorten jener Welt angemessen und daher nicht derselbe wie der Buchstabe unserer Bibel, aber dem geistigen und göttlichen Gehalte nach ist Gottes Wort dorten ganz dasselbe wie in unserer Bibel hier.

Aus Gottes Wort wird unseren Kindern gelehrt, daß der Herr einstens zur Erlösung Seiner Menschenkinder voll Erbarmen Selbst herabstieg und, umhüllt von einer Kindesnatur, auf Erden gegenwärtig war, wie Er es nie zuvor gewesen. Wie Er solches bewerkstelligte, ohne die Himmel zu verlassen, also ohne sich in Zeit und Raum einzuschränken, bildet eines der lieblichsten Themas der Engelbetrachtungen und des Unterrichtes. Das unschuldige Kind hindert dorten nichts, diese große Wahrheit zuerst einfältig zu glauben. Später wird es von Stufe zu Stufe angeleitet, dieselbe geistig-vernünftig einzusehen, und je nach der Tiefe der Einsicht wird es weise und selig. Den Erwachsenen, die dort hinkommen, wird es nicht immer so leicht, diese himmlische Glaubenslehre anzunehmen, weil viele derselben die Ansichten ihrer Kirchen mitbringen, nach welchen die Leute sich **drei göttliche Wesen** von Ewigkeit vorstellen, die auf drei Thronen sitzen, und von denen die eine Person ewig war und **Vater** heißt, die andere vom Vater in der Ewigkeit ins Dasein gerufen wurde und **Sohn** heißt, und die dritte auf der linken Seite des Vaters sitze und **Heiliger Geist** heiße. Die erste Person, welche nie geboren wurde, soll nach dieser Ansicht die Welt erschaffen, die zweite Person sie erlöst haben, und die dritte solle sie heiligen. Eine jede habe ihr besonderes Amt: Die erste sei Schöpfer, die zweite Erlöser, die dritte Heiliger. Diese drei göttlichen Wesen, sagt man, seien nicht drei Götter, sondern **ein** Gott. Aber das ist eine bloße Aussage des Mundes; in der Vorstellung sind es drei gleich-verschiedene und getrennt-vereinte göttliche Wesen oder Götter. Diese Ausdrücke „**gleich-verschieden**" und „**getrennt-vereint**" könnten als contradictio in adjecto angesehn werden; aber die Lehre, daß drei Personen ein Gott oder ein göttliches Wesen seien, ist ja eben ein Widerspruch in sich selbst, für deren dogmatisch abgegebene Erklärung diese Ausdrücke wirklich nur zu bezeichnend sind. Wenn ein Mensch, welcher der Lehre von drei gleichewigen, gleichallmächtigen und gleichallwissenden und in jeder anderen Beziehung gleichen göttlichen Personen zustimmt, sie offenherzig untersucht, und ohne Rückhalt grundehrlich das Resultat seiner Untersuchung eingesteht, so ist er gewissenhaft gezwungen das Bekenntniß abzulegen, daß er an drei Götter glaubt. Indem er mit dem Munde bekennt, er glaube nur an **einen** Gott, schweben vor seinem geistigen Auge in der Vorstellung stets drei Götter.

Kein Mensch kann nach dem Tode in einem solchen getheilten Gemütszustande in den Himmel eingelassen werden und dort bleiben. Alle Engel würden ihn fliehen, und er selbst würde sich so unglücklich und gepeinigt fühlen von der

Sphäre der Opposition, womit die Wahrheit im Himmel dieser traurigen Irrlehre begegnet, daß er sich glücklich schätzen würde, lieber bei ungläubigen oder bösen Geistern zu sein. Zudem ist es im Himmel nicht erlaubt, ja gar nicht möglich — anders zu sprechen, als so, wie man sich Sachen vorstellt und denkt. Eine Heuchelei irgend einer Art ist dorten nicht erlaubt. Jeder muß dorten so sprechen, wie er denkt. Da nun viele Geister dorten ihre Ansicht nicht ändern und den Herrn für den einzigen Gott anerkennen wollen, besonders wenn sie nicht innerlich gut geworden sind, das heißt, durch Anwendung der Gnade Gottes ihre Uebel überwunden haben und von neuem geboren wurden, so verwerfen sie die Gottheit des Herrn zuletzt gänzlich, sehn Ihn blos für einen Menschen an und wenden sich von Ihm ab. Dann gesellen sie sich bösen Geistern zu und stürzen sich aus dem Hades hinab in die Höllen. Es ist daher von unendlich großer Wichtigkeit, schon hier die Wahrheit zu lieben, anzuerkennen und ihr gemäß zu leben.

Es kommen dort fortwährend Geister von dieser Erde an, die sich gegen diese göttliche Wahrheit von der Menschwerdung Gottes verhärtet hatten. Einige dadurch, daß sie sich erlaubten über die Empfängniß durch den Heiligen Geist zu spotten und diese gottselige Wahrheit mit dem Schmutze ihres unreinen Herzens und Mundes zu bewerfen. Nachdem sie alles Zartgefühl und alle Ehrfurcht vor dieser allerheiligsten Gottesthat in sich ausgelöscht hatten, lästerten sie ohne Gewissensbisse darüber, bis sie total unfähig waren, von ihrem gottlosen Wege zu lassen und umzukehren. Andere verhärteten und verstrickten sich dawider durch den Schein der Wissenschaft, und dünkten sich darüber, als Aberglauben, unendlich erhaben. Wenn solche Geister dort ankommen, so erfreuen sie sich zwar zuerst der Gegenwart der Engel, aber bald ziehen sie sich von denselben und von allen guten Geistern zurück und suchen ihre Gesinnungsgenossen auf. Das Licht um sie herum nimmt allmählig ab, bis es, ihrem fin=

steren Zustande entsprechend, stockdunkel geworden ist. Dann steigen sie tiefer abwärts und stürzen sich zuletzt gänzlich in die Gemeinschaft von Satanen und Teufeln in der Hölle. Dorten sehen sie sich dann im grellen Lichte ihrer Falschheiten unter einander, und bald darauf kommen sie unter die Herrschaft der schrecklichsten Selbstsucht, die ebenso raffinirt wie peinlich ist. Aber dorten verlangen sie zu sein, und dorten bleiben sie ewiglich. Es hüte sich denn Jeder, sein Herz vor dieser hochheiligen Gottesthat zu verschließen.

Alle guten Geister, die hier in dem Irrthume der Dreipersonenlehre unschuldig oder unwissend dahin lebten, aber den Herrn Jesus lieb hatten, nehmen dorten die ächte Lehre an und gehn selig in den Himmel ein. Sie können es leicht einsehn, daß der Herr Vater, Sohn und Heiliger Geist in einer Person ist. Sie kommen dazu durch ihre Liebe zum Guten, die sie sich aneigneten, denn dieselbe leitet zum Herrn Jesu hin und öffnet das Herz zur Annahme der himmlischen Lehre, daß Er ist der eine wahrhaftige Gott und das ewige Leben, in welchem wohnet die ganze Fülle der Gottheit in gottmenschlicher Leibhaftigkeit.

Die Apostel sprechen oftmals, namentlich in den Episteln, vom Herrn Seinem Menschlichen nach, und unterscheiden zwischen Ihm und dem Vater. Seine verherrlichte menschliche Natur nennen sie den Sohn, Christus Jesus, und sogar schlechtweg den Menschen Christus Jesus. Dieses Menschliche ist der Mittler oder Vermittler zwischen der unendlichen und daher unnahbaren Gottheit, und den Menschen als endlichen Wesen. Es ist der Sohn oder die in die Gottheit erhobene und mit ihr vereinte Menschheit. „Es ist **Ein Gott, und ein Mittler zwischen Gott und den Menschen, nämlich der Mensch Christus Jesus.**" 1. Tim. 2, 5. Niemand kann zu der inneren Gottheit oder dem Vater gelangen, als allein durch dieses Göttlichmenschliche oder den Sohn Gottes. Er ist die allweise gottmenschliche Hülle, in welcher der Vater so wohnt, wie die Seele im Leibe. Wie Niemand kann zur Seele eines Menschen gelangen, oder mit ihr in Verkehr treten, außer durch den Leib, so kann auch Niemand zum Vater kommen, außer durch den gottmenschlichen Leib oder den Sohn. „Niemand kommt zum Vater, wenn nicht durch Mich." Durch den Sohn oder das vermittelnde Gottmenschliche allein kommen wir zum Vater. Dasselbe also ist der gottmenschliche Vermittler zwischen dem Ewigen und dem Zeitlichen, zwischen Gott und den Menschen. Wer daher den Sohn verwirft, der verwirft auch den Vater. „Wer den Sohn nicht hat, der hat auch den Vater nicht." Das Gottmenschliche hat alles Leben vom Vater. „Ihm ist g e g e b e n alle Gewalt im Himmel und auf Erden." Im Himmel glaubt und liebt man keinen anderen Gott, als den verherrlichten Herrn, und bekennt den Vater, Sohn und Heiligen Geist in Ihm, als dem einzigen Gott Himmels und der Erde. Alle Engel lehren daher, daß es nur einen Gott gibt, und daß der Herr Jesus Christus dieser Gott ist. Sie kennen Ihn, weil sie Ihn lieb haben und Seine Liebe, die sie beseligt, empfinden. Daher lehren auch die Engel im Himmel allen Kindern: „G o t t i s t e i n e r i n W e s e n u n d P e r s o n, u n d d e r H e r r J e s u s C h r i s t u s i s t d i e s e r E i n e G o t t." Den Kindern wird diese Wahrheit bald immer deutlicher, zumal der Herr mitunter in der Gestalt eines sehr schönen Engels unter ihnen erscheint. Ihre jugendlichen Herzen werden dann durch Seine Gegenwart so erfüllt von der Liebe zu Ihm, daß es ihnen leicht und lieblich ist einzusehn, was der Herr einstens auf Erden zu Seinen Aposteln sagte: „Wenn ihr Mich kennetet, so kennetet ihr auch Meinen Vater. Und von nun an kennet ihr Ihn, und habt Ihn gesehen. Wer Mich siehet, der siehet den Vater." Er setzte damals noch hinzu: „W i e s p r i c h s t d u d e n n: Z e i g e u n s d e n V a t e r?" Das heißt so viel wie: Ich kann euch ja gar keinen anderen Vater zeigen; ich bin Er Selbst, verhüllt unter dieser menschlichen Decke. Es ist der

Menschensohn, welcher äußerlich denkt, spricht und zu dem Vater betet. „**Glaubet Mir doch, daß der Vater in Mir ist, und daß Ich im Vater bin**", d. h. daß die Gottheit oder der Vater mein Innerstes und die Menschheit von derselben gänzlich abhängig ist, und in ihr aufgeht, so daß die Gottheit in dem Menschlichen und das Menschliche in dem Göttlichen lebt.

Die große Wahrheit, daß der „ewige Vater" selbst unter uns als „Kind geboren und uns als Sohn geschenkt" wurde, und daß in der angenommenen, aber nach und nach alles Endlichen und Schwachen entkleideten und in die Gottheit erhobenen und verherrlichten Menschennatur die ganze Gottesfülle wohnt, und daß der Herr, welcher auf Erden im Fleische wandelte und Jesus Christus ließ, der sichtbar gewordene Eine Gott ist: diese heilige Lehrwahrheit verstehn Kinder im anderen Leben viel leichter, wie auf Erden die gelehrtesten Theologen, deren Verstand durch falsche dogmatische Lehrsätze systematisch und praktisch unfähig geworden ist, diese einfache Wahrheit zu erfassen. Als der Herr Seine erste Ankunft der Welt ansagen ließ, da rief Er ihr zu, niemand anders als den „Ewig-Vater" Selbst zu erwarten. Dieses sind Seine Worte: „**Ein Kind ist uns geboren, ein Sohn ist uns gegeben, dessen Herrschaft ist auf Seiner Schulter; und Er heißt Wunderbar, Rath, der mächtige Gott, Ewig-Vater, Friedefürst.**" Jes. 9, 6.

Den unschuldigen Kinderseelen steht dorten nichts im Wege, diese Wahrheit zu glauben und den Herrn Jesus Christus, den verherrlichten Gottmenschen, zu lieben. Er ist es, der wirklich die Zügel der Weltlenkung führt, auf dessen Schultern, als dem König aller Könige, die Herrschaft des Weltalls ruht, dessen Schöpferkraft uns fortwährend Wunder auf Wunder im ganzen Universum vorführt, dessen weisheitsvoller Rath befasset ist in Seinem Heiligen Worte, der wirklich ist Jehovah, der ewige Vater, dessen „Friede sei mit euch!" durch alle Himmel unaufhörlich bewahrheitet wird, und den daher alle Engel Gottes anbeten als den „Friedefürsten."

Der Eckstein, den die Bauleute verworfen haben, ist diese Gotteslehre: **Gott ist Einer in Wesen und Person, und der Herr Jesus Christus ist dieser Eine Gott.** Seit dem Concil zu Nicäa, 325 nach Christo, hat man diesen biblischen Eckstein nicht blos verworfen, wie die Juden thaten, sondern man hat ihn auch in drei Stücke zersprengt und aus dem Einen Gott drei Personen gemacht. Im Himmel weiß man von dieser traurigen Irrlehre nichts. Den Engeln ist sie ein „Gräuel der Verwüstung." Alle Seligen im Himmel haben die Wahrheit in sich oder in ihr Leben aufgenommen, daß nur Ein Gott ist, daß dieser ist Mensch geworden, und daß Er ist der einzige anbetungswürdige Jehovah und Heiland, dessen auf Erden angenommener Name war **Jesus Christus.** In Ihm sehn sie Den, der durch die Propheten sprach: „Ihr aber seid meine Zeugen, spricht der Herr; und mein Knecht, den ich erwählet habe; auf daß ihr wisset und Mir glaubet und verstehet, daß Ich es bin. **Vor** Mir ist kein Gott gemacht, so wird auch **nach** Mir keiner sein. Ich bin der Herr, **und ist außer Mir kein Heiland.** Ich habe es verkündet, und habe es euch sagen lassen, und ist **kein fremder Gott unter euch.** Ihr seid Meine Zeugen, spricht der Herr; so bin Ich Gott. Auch bin Ich ehe denn je ein Tag war; und ist Niemand, der aus Meiner Hand erretten kann; Ich wirke, wer will es abwenden? Ich bin der Herr **euer Heiliger.** Ja, Mir hast du Arbeit gemacht in deinen Sünden, und hast Mir Mühe gemacht in deinen Missethaten. Ich, Ich tilge deine Uebertretung **um Meinet willen,** und gedenke deiner Sünden nicht. So spricht der Herr, der König Israels, und **sein Erlöser,** der Herr Zebaoth: Ich bin der **Erste,** und Ich bin **der Letzte,** und **außer Mir ist kein Gott."** Jes. 43. 44. Und in der Offenbarung Johannes nennt Sich der Herr Jesus Christus „der Erste und der Letzte, welcher ist, welcher war und welcher kommt, der Allmächtige." Wenn die Kinder Gottes auf Erden diese Lehre anerkannt haben werden, dann kann Ein Hirt und Eine Heerde werden, denn alsdann ist erfüllt die Stelle: „Und Jehovah wird König sein über alle Lande. Zu der Zeit wird der Herr **nur Einer sein und Sein Name nur Einer.**" Zach. 14, 9. Diese göttliche Wahrheit wird unseren Kindern im Himmel gelehrt. Sie lernen keinen anderen als den Einen Gott und Herrn kennen, welcher, wie Er der Erste war als Gott, der Letzte wurde, als Er ins Letzte oder unterste Gebiet Seiner Schöpfung kam und Mensch ward. Er ist der Erste und der Letzte.

Nimm einmal die liebe Bibel zur Hand und lies, und du wirst finden, daß alle Prophezeiungen des Alten Testamentes über die Erscheinung des Messias ganz deutlich sagen, daß der allmächtige Gott, unser himmlischer Vater Selbst, zu uns kommen würde. Er sollte in einem Kindchen unter uns erscheinen. Lies noch einmal die bereits angeführte Stelle Jes. 9, 6: „Denn uns ist ein Kind geboren, ein Sohn ist uns gegeben, welches Herrschaft ist auf Seiner Schulter. Und Er heißt Wunderbar, Rath, mächtiger Gott, Ewig-Vater, Friedefürst." Weiche ich hier, wie in anderen Stellen, von der gewöhnlichen Uebersetzung etwas ab, so geschieht es, weil die gewöhnliche Uebersetzung mangelhaft ist. Nun sieh dir diese Stelle recht an. Es heißt, daß der Ewig-Vater soll dieses Kind sein. Höre nun, was das Kind oder der Menschensohn von Sich sagt: „Glaubet Mir doch, daß der Vater **in Mir** ist. Der Vater, der **in Mir** ist, thuet die Werke. Ich bin nicht allein, sondern Ich und der Vater. Ich kann nichts **aus Mir** Selbst thun.**" Und nun höre dazu das Zeugniß des Apostels: „Gott war **in** Christo und versöhnte die Welt mit

Sich Selbst." Ist es denn nicht deutlich, daß in dem Menschensohne der allmächtige und überall gegenwärtige Vater wohnte, wie in einem Zelte oder in einem Tempel. Seine Verheißung lautete: „Und bald wird kommen zu Seinem Tempel der Herr, den ihr suchet." Mal. 3, 1. Unter dem Tempel war ja der Leib und die ganze menschliche Natur von der Maria gemeint, welche „nichts aus sich selbst thun konnte", und welche versucht wurde, litt, weinte, betete und zuletzt gekreuzigt wurde und starb. Daß dieser Tempel gemeint war, ist deutlich aus Matth. 2, 19—21, wo Jesus zu den Juden sprach: „Brechet diesen Tempel ab, und am dritten Tage will Ich ihn aufrichten. Da sprachen die Juden: Dieser Tempel ist in sechsundvierzig Jahren erbaut, und du willst ihn in drei Tagen aufrichten? Er aber redete von dem Tempel Seines Leibes." Daraus ist denn ganz deutlich, daß keine andere Gottheit in Christo war, als der Vater, und daß die menschliche Natur oder der Leib war der Tempel, in welchem der Vater oder die Gottheit wohnte. Die Gottheit in Christo war also der Vater, weshalb es heißt: „Gott war in Christo." Gott in Christo konnte aber nicht ein zweiter Gott sein, da es ja nur Einen Gott gibt.

Die Kirchen haben seit dem tiefen Verfall der ersten christlichen Zeit immer gelehrt, daß Gott einen zweiten Gott in die Welt sandte, nämlich einen ewigen Sohngott, der vom Vater in der Ewigkeit sei erzeugt oder geboren worden. Die Bibel weiß aber gar nichts von einem solchen zweiten göttlichen Wesen, das nothwendiger Weise eben deshalb jünger oder zeitlich und ein zweites göttliches Wesen sein müßte, weil es von dem Vater erzeugt oder geboren worden wäre. Das ganze Alte Testament weiß absolut nichts von einem solchen zweiten göttlichen Wesen. Es lehrt, daß der Eine und Alleinige Gott, „außer welchem kein Heiland ist," zu erwarten war; also daß Jehovah, der Ewige, zu uns kommen sollte in dem Tempel der menschlichen

Natur, in dessen Innerstem Er wohnen würde, wie die Seele im Leibe eines Menschen. Weil Er Sich würde Seiner lichten Seite nach herablassen als der Logos, d. h. die Weisheit oder das Wort, welches bei Gott von Anfang an und Gott Selbst war, daher kündete Ihn der Prophet also an: „Und man wird an jenem Tage sagen: „„Siehe, dieser ist unser Gott; wir haben Ihn erwartet, und Er wird uns retten. Dieser ist Jehovah; wir warteten auf Ihn, frohlocken laßt uns und in Seinem Heil uns freun.““ Jes. 25, 9.

O, daß doch alle Christen diese göttliche Lehre anerkennen möchten! Wie viele Zweifel würden verstummen, in wie viel höherer Achtung würde die Kirche und die Heilige Schrift stehn, und welch' einen gewaltigen Eindruck würde sie auf das moralische, geistliche und gottselige Leben haben. Ist es denn so schwer zu glauben, daß unser Vater uns, Seine Kinder, so herzlich liebte, daß Er zu unserer Errettung herbeieilte und Selbst Mensch wurde, indem er durch Seine schöpferische Kraft Sich einen Leib schuf, die menschliche Natur in demselben heiligte und zuletzt göttlich machte, und daß Er nun in derselben als einem die Menschenherzen mit Sich verbindenden Mittler wohnt? Der so einzig in Seiner Art. geborne Sohn, oder der Eingeborne, in welchem Er unter uns lebte, und welchen Er dahingab, d. h. durch Kämpfe mit den Mächten der Finsterniß zum Opfer brachte, um uns zu erlösen, ruft uns ja oft so deutlich diese Wahrheit zu, wie in den Worten: „Ich kann nichts aus Mir Selbst thun. Der Vater, der in Mir ist, Er thut die Werke." Ist es nicht unendlich viel schwerer zu glauben und die Bibel mit sich selbst und der Vernunft in Uebereinstimmung zu bringen, wenn man neben Gott noch einen von Ihm in der Ewigkeit gebornen Gott annimmt? Und wo, wo bleibt unsere Einheit Gottes? Wo bleibt der Concentrationspunkt unserer Liebe und Anbetung?

Die Heilige Schrift lehrt uns, daß „der mächtige Gott,

der Ewig-Vater", als Kind und Sohn in die Welt kommen und unser Retter sein würde. Sie lehrt uns, daß Er in einem Tempel residiren, und daß dieser Tempel sein Leib sein würde; und die menschliche Natur kündete dasselbe zuletzt an, indem sie sprach: „Der Vater wohnet in Mir." Und der Apostel gibt uns das Echo dieser Wahrheit in den Worten: „**Gott war in Christo und versöhnte die Welt mit Sich Selbst**", — nicht mit einem anderen Gott.

Also Immanuel, Jehovah, der allmächtige Gott und der ewige Vater wurde angekündigt als Heiland, Retter und Erlöser der Welt. Der Heilige Geist und die Kraft des Höchsten sollte eine Jungfrau überschatten, und das Kind, welches sie gebären und in dessen Innersten der Vater gegenwärtig sein würde, sollte Gottes Sohn heißen. Gottes-Sohn sollte er heißen, weil Gott Selbst sein Vater war; der Menschensohn aber hieß er sich, weil Maria, d. h. ein Mensch, seine Mutter war. Er war also beides, Gottes- und Menschensohn. Und dieser von Maria geborne Sohn ist gemeint in den Worten: „Du bist Mein Sohn, **heute** habe ich dich gezeuget." Ps. 2, 7. Das Heute meint einen Tag in der Zeit, den Geburtstag des Sohnes, dessen Andenken wir am 25sten December feiern. Diese Wahrheit bestätigen die Ankündigungsworte des Engels: „Der Heilige Geist wird über dich kommen, und die Kraft des Höchsten wird dich überschatten; darum auch das Heilige, **das von dir geboren wird**, wird Gottes Sohn genannt werden." Luc. 1, 35.

Im Herrn waren also zwei Naturen, eine göttliche, **der Vater**, und eine menschliche, **der Sohn**. Diese zwei Naturen wurden durch Verherrlichungsprozesse allmählig vereinigt zu einer gottmenschlichen Natur, so daß der Herr ist beides, „wahrhaftiger Gott und Mensch" — in **Einer** Person. Die göttliche Natur ist der Vater, die verherrlichte oder göttlich gewordene Menschennatur ist der Sohn, und die vom Herrn ausgehende lebendige, nutzwirkende Lebensströmung, durch welche Er uns **beisteht**, tröstet, stärkt, anregt, erwärmt und erleuchtet zum gottseligen Leben, ist der Heilige Geist.

Hier ist eine kurze andeutungsweise Erklärung von der Menschwerdung Gottes und der Heiligen Dreieinheit. Mehr darüber für dieses Werkchen zu schreiben, sollte man nicht erwarten. Es ist genug gesagt, um die himmlische Lehre zu erkennen, daß Gott ist Einer in Wesen und Person, und daß der Herr Jesus Christus dieser Eine Gott ist. Nur noch ein Wort will ich hinzufügen über die Verherrlichungskämpfe des Herrn.

Die menschliche Natur des Herrn war vor ihrer Verherrlichung vielen Versuchungen und Leiden ausgesetzt. Dieselben kamen vom Teufel, oder von der Höllenschaar böser Geister, die damals die Menschen besaßen, sie ihrer Freiheit beraubten und zum Bösen hinzogen. Diese bekämpfte Er, indem Er ihnen in ihren Versuchungen bis zum Tode widerstand. Dadurch drängte Er selbige in die Höllen zurück, wurde Meister über sie und hält sie jetzt sich ewig unterthan. Er hat nun die Schlüssel der Hölle und des Todes. Indem Er aber also die Feinde unserer Seele bezwang, befreite Er gleichzeitig Seine menschliche Natur von allen ererbten sündlichen Anlagen, die er in dieser Natur als unschuldiges Gotteslamm von der Maria angenommen hatte und trug. Er that nie eine Sünde, obschon die Anlage dazu in Seiner ererbten Menschennatur lag. Die Teufel suchten diese Anlage aufzureizen durch allerhand Versuchungen, aber Er widerstand und trieb alle sündlichen Anlagen der menschlichen Natur völlig aus, und gleichzeitig trieb Er dabei die Teufel vor sich hin in die Höllen. Dort hält Er sie jetzt fest gebannt für immer. Indem Er aber Seine menschliche Natur also reinigte, brachte Er Seine göttliche Natur herab in die gereinigten Grade und machte sie göttlich, und das war die Art und Weise, wie Er verherrlicht wurde. Er wurde in dieser Weise durch und durch gottmenschlich.

Also wurde in Ihm die Gottheit verherrlicht in der

Menschheit, und die Menschheit erhoben in die Gottheit: der Vater im Sohne und der Sohn im Vater bis zur vollen Verschmelzung oder Einswerdung der Gottheit und Menschheit. Die letzte völlige Verklärung geschah durch die Auffahrt über alle Himmel. Da zog die Menschheit alle Kraft der Gottheit an, welches ist das Sitzen zur Rechten Gottes oder der Kraft. Die Erlösung, welche der Herr also mittelst Seines Menschlichen ausführte, bewirkte gleichzeitig die gegenseitige Verbindung und Einigung des Menschlichen mit dem Göttlichen, oder des Sohnes mit dem Vater und des Vaters mit dem Sohne. Sobald und so wie das Menschliche oder der Sohn thätig war und wirkte, sobald, und diesem Wirken entsprechend, wirkte auch das Göttliche oder der Vater. Der Vater kam also stets näher dem Menschlichen oder Sohne, half ihm und wirkte mit ihm vereint, und zuletzt verbanden sie sich so miteinander, daß sie nicht Zwei, sondern Eins waren. Beide sind jetzt so vereint, wie Seele und Leib. Das Gottmenschliche ist der Leib, und der Vater ist die Seele. Der Sohn oder das Gottmenschliche hat daher das Leben eben so in Sich Selbst vom Vater, wie der Leib das Leben in sich selbst von der Seele hat. „Ich und der Vater sind Eins."

Indem ich hier meine Erklärung beende, kann ich nur ausrufen: Wie Vieles bleibt noch zu erklären übrig! Wer aber mehr Aufschluß darüber verlangt, den verweise ich auf die Werke Swedenborg's, besonders auf sein lehrreiches Werk—„die wahre christliche Religion." Mein Werk, „die Lehren der Neuen Kirche, in Briefen an einen Bibelgläubigen,"*) wird dem Leser viele Hülfe leisten, um diese himmlische „Lehre vom Herrn" und alle anderen Lehren der Neuen Kirche leicht einsehn zu lernen. Es gibt nichts, das von so großer Wichtigkeit ist, als die Erkenntniß des Herrn Jesu Christi, oder die Verherrlichung

---

*) Siehe die Bücheranzeige hinter der letzten Seite dieses Werkes.

des Vaters im Sohne und des Sohnes im Vater. In diesem hochheiligen Geheimnisse liegen verborgen alle Schätze der Weisheit und der Erkenntniß.

Im Himmel gehört die Lehre über den Herrn und die Verherrlichung Seines Menschlichen zu den beseligendsten Betrachtungen. Die Engel wachsen fortwährend in der Erkenntniß derselben; denn sie ist unerschöpflich. Alle Kinder im Himmel werden in derselben unterrichtet, und ihre unschuldsvollen Herzen brennen bei diesem Unterrichte mit Liebe zu ihrem göttlichen Erlöser. Ihn beten sie mit den Engeln vereint an, singen Ihm in Chören mit entzückten Herzen ihre Lobgesänge, und erfreuen sich fortwährend Seiner beglückenden Nähe.

O du glückliche Mutter, die du einen Liebling deines Herzens in jene Schule der Weisheit gesandt hast, du darfst nicht länger trauern! Siehe dorten dein Kind, wo es, umstrahlt vom Glanze himmlischer Weisheit, unter Engeln sitzt, und mit ihnen vereint glückselig lobt Ihn, der in göttlicher Menschheit ist die alle Himmel mit Wonne erfüllende „Sonne der Gerechtigkeit." Willst du einstens die Gesellschaft deines ausgebildeten Engelkindes genießen, dann bereite dich dafür vor. Fliehe jedes Böse als ein Grab des Guten. Die Sünde ist der Tod der Seele, und sie los zu werden, das sei jetzt deine größte Sorge. Gehe hin in der Kraft deines Herrn und kämpfe den guten Kampf für die Krone des ewigen Lebens. Nimm zu an reiner Gesinnung und Herzensgüte, und vereinige alle deine Liebe im Herrn Jesus Christus; denn Er ist dein Gott, „der wahrhaftige Gott und das ewige Leben. In Ihm wohnet die ganze Fülle der Gottheit leibhaftig." 1 Joh. 5, 20. Col. 2, 9. Im Vertrauen auf Ihn, und mit neuem Leben dich an den Himmel anklammernd, brauchst du nichts zu fürchten. So ruhig und sicher kannst du auf deinem Posten stehn, und den brausenden Stürmen und Fluthen deine Brust entgegenhalten, wie der Felsen, der in seinen Grundfesten vom Donner gewiegt und vom Wasserfall umtost wird.

Hier, geehrter Leser, will ich anhalten und von dir Abschied nehmen. Ich habe versucht, dir so viel Trost und Wahrheit vorzuführen, wie ich glaubte, daß du bedarfst. Lenke nun deinen Geistesblick dorthin, wo sich der Friedensbogen wölbt mit der goldenen Inschrift: „**Siehe da, eine Hütte Gottes bei den Menschen; und Er wird bei ihnen wohnen, und sie werden Sein Volk sein, und Er Selbst, Gott mit Ihnen, wird ihr Gott sein.**"

Nach wenigen Tagen wirst auch du die Erde verlassen, und wenn du dorten auferstanden bist, wirst du zu deiner großen und ewigen Freude finden, wie sehr wahr die Lehren und Mittheilungen sind, welche ich dir am Grabe unserer Kinder in der Gegenwart Gottes und Seiner Engel überlieferte.

Dorten reichen wir uns einstens die Hände — befreit vom Handschuh des Fleisches, und dann wollen wir dieselben falten, niederknieen und vereint anbeten Ihn, welcher ist „die Auferstehung und das Leben." Und wenn die Engel dich in Empfang nehmen, und einführen in das große, schöne, freie Vaterhaus, und wenn du dich erlabst an den herrlichen und mannigfaltigen Naturschönheiten der geistigen Welt, umgeben von den Geliebten allen, deren Hüllen du bis zum Kirchhofe begleitetest, mit welchem Wohlgefühl wirst du dann zurückblicken können auf das diesseitige Ufer, und dich erinnern der in Erfüllung gegangenen Worte des Worts: „**Dann wird unser Mund voll Lachens und unsere Zunge voll Rühmens sein.**"

Lebe wohl — bis auf seliges Wiedersehn im herrlichen Jenseits.

Die Gnade unseres Herrn Jesu Christi sei mit euch allen! Amen.

Inhalt.

Berichtigungen.

Seite	Zeile	Von oben	unten	
23	12		„	statt Wandelns lies **Wandels**.
24	3	„		„ Immanel „ **Immanuel**.
43	7	„		„ 1 Cor. 1, 15, 44 lies 1 Cor. 15, 44.
53	16	„		„ ihr „ **ihm**.
60	4	„		vor wie (,).
63	13		„	hinter bog (,).
63	16		„	„ anderes (,).
72	9	„		„ Liebe (,).
80	5	„		„ ist (,).
83	7		„	„ Gegenwart (,).
86	13		„	„ glaubten [,].
92	14	„		statt geistige geschlechtliche lies **geistig-geschlechtliche**.
99	4	„		statt erdacht hätten lies erdacht **haben**.
106	7	„		hinter Letztes [,].
114	8	„		statt abzulegen lies **abzulegen**.
119	18	„		„ die Propheten lies **den Propheten**.

Inhalt.

Vorwort	I.
Die Liebe zu unseren Kindern	1
Die Todesstunde	10
Das Begräbniß	17
Daheim vom Kirchhof	22
Die Nacht der Zweifel	27
Was ist ein Geist?	34
Was und wo ist die geistige Welt?	45
Das Verhältniß der materiellen zur geistigen Welt	60
Die Auferweckung und der erste Anblick des Jenseits	65
Bleiben unsere Kinder dort immer Kinder?	74
Ueber Wachsthum und Nahrung in der geistigen Welt	79
Geschlechter und Ehen in der ewigen Welt	85
Wie die Kinder im anderen Leben erzogen werden	94
Wie die Kinder von den mitgebrachten erblichen Anlagen zum Bösen befreit werden	101
Die große Hauptlehre des Himmels	112

Die Werke Swedenborg's
und andere neukirchliche Schriften
sind zu haben

In New York Nro. 20 Cooper Union; man wende sich brieflich an E. H. Swinney.

„   „   bei E. Steiger, No. 22 und 24 Frankfort Street.

„ Boston, Mass., No. 2 Hamilton Place.

„ Chicago, Ill., No. 281 Cottage Grove Avenue; man wende sich brieflich an "New Church Book Store."

Daselbst sind auch zu haben folgende Schriften von
Pastor A. O. Brickmann:

1. Die Lehren der Neuen Kirche in Briefen an einen bibelgläubigen Christen, mit Postgeld.................................. $1.25
2. Anleitung zum leichten Verständniß der Lehren der Neuen Kirche, mit Postgeld   35
3. Am Grabe unserer Kinder, ein Trostwort für trauernde Eltern, mit Postgeld..   60

Diese Werke können auch vom Verfasser direkt bezogen werden. Man wende sich an denselben unter der Adresse *P. O. Box 859, Baltimore, Md.*

Der Bote der Neuen Kirche,

eine den Interessen der geistigen Wahrheit gewidmete Zeitschrift, welche mit dem 1. September 1872 den achtzehnten Jahrgang begann. Dieselbe erscheint am 1. und 15. jeden Monats, und kostet, unter Vorausbezahlung, $2.00 per Jahr. Nach Deutschland portofrei $2.50.

Man wende sich an die Redaction unter der Adresse:

Rev. A. O. BRICKMANN, P. O. Box 859, Baltimore. Md.